La navegación atlántica y la continuidad de la ciencia árabe islámica en la España del siglo XVI

La navegación atlántica y la continuidad de la ciencia árabe islámica en la España del siglo XVI

MARAVILLAS AGUIAR AGUILAR

EDICIONES IDEA

La navegación atlántica y la continuidad
de la ciencia árabe islámica en la España del siglo XVI

Maravillas Aguiar Aguilar

Imagen de la cubierta: Detalle del mapa *Portvgallia et Algarbia, quae olim Lvsitania Auctore Vernando Alvero Secco*, Amstelodami, Ioannem Ianssonium, 1630. Edición de 1638. Imagen tomada de IberLibro.com. https://www.iberlibro.com/arte-grabados/MAPA-ANTIGUO-PORTUGAL-PORTUGALLIA-ALGARBIA-QUAE/31367531675/bd. Accedido: 30/06/2024 (mapa en venta).

Colección dirigida por: Manuel de Paz Sánchez y Valeria Aguiar Bobet
Diseño de cubierta y maquetación: Marina Zambrana

Primera edición en Ediciones Idea: 2025

Ediciones IDEA
• San Clemente, 35 Edificio Fundación,
38002, Santa Cruz de Tenerife
Tel.: 922 532150
Fax: 922 286062

correo@edicionesidea.com
www.edicionesidea.com

Fotomecánica e impresión: Gráficas Tenerife, S.A.
Impreso en España – Printed in Spain.
ISBN: 978-84-10272-46-0
Depósito Legal: TF 842-2025

Dedicado a mi padre, Rafael Aguiar Hernández
(Tuineje, 24 de marzo de 1932-Santa Cruz de Tenerife,
25 de diciembre de 2007), que embarcó el 3 de julio
de 1952 en el puerto de Cádiz en el buque hidrógrafo
Tofiño para hacer el servicio militar. Durante 252 días
en la mar, su misión a bordo fue sondear diversos
puntos de la costa africana para determinar
la profundidad y naturaleza de sus fondos

AGRADECIMIENTOS

La ciencia y la técnica árabe-islámica medieval, el declive de su prestigio en ámbito cristiano y su continuidad en la Europa moderna han sido temas de estudio de especial interés para mí a lo largo de casi dos décadas. Al principio me centraba más en un estudio vertical (solo textos árabes, solo en un autor o un periodo concreto), pero ha sido el magisterio del profesor Eduardo Aznar Vallejo[1] el que me ha llevado a ampliar mi investigación haciéndola más compleja y rica en retos. Fue Aznar Vallejo quien me habló por primera vez del *Quatri partitu en cosmographia practica y por otro nombre Espejo de navegantes* de Alonso de Chaves, animándome a estudiar su contenido, pues, como observó con acierto, el texto resulta de interés para documentar el estado de los conocimientos astronómicos y meteorológicos del siglo XVI.

Aunque este libro ve la luz ahora, su gestación comenzó hace una década. En 2013 realicé una estancia de seis meses

[1] Catedrático emérito de Historia Medieval, fundador del Centro de Estudios Medievales y Renacentistas CEMyR (1990) y del Instituto Universitario de Estudios Medievales y Renacentistas IEMyR (2008) de la Universidad de La Laguna. Ha sido director de ambos centros entre 1990-2008 y 2008-2015 respectivamente. Es miembro correspondiente de la Real Academia de la Historia.

en París financiada por el programa de ayudas para Estancias de movilidad de profesores e investigadores séniores en centros extranjeros de enseñanza superior e investigación, incluido el Programa Salvador de Madariaga 2012, del Ministerio de Educación de España. Durante esta estancia mi investigación se desarrolló en el *Institut de recherche et d'histoire des textes* (IRHT) y en el Departamento de Lenguas y Literatura de la *École Normale Supérieure* (ENS Paris) y se centró en el estudio del uso de instrumentos astronómicos árabes en la enseñanza de las matemáticas y la astronomía, tanto en ámbito árabe-islámico como europeo. Estas páginas deben mucho a aquella fructífera estancia.

Con el objeto de establecer el corpus de fuentes y estudios de interés para el plan inicial que había diseñado, residí en Casa de Velázquez (Madrid) durante un mes (octubre de 2014). Esta estancia fue financiada por la institución francesa dentro de su convocatoria competitiva de *Chercheurs résidents* para llevar a cabo el proyecto *Le savoir nautique en Espagne à l'époque des Grandes Découvertes (du 15e au 17e siècle), ses antécédents et son influence dans l'Europe pré-moderne: construction d'une base de données bibliographique spécialisée*. Gracias a la generosa financiación de Casa de Velázquez pude avanzar en tiempo y calidad en mi proyecto.

En paralelo a esta primera fase de documentación, el Ministerio de Economía, Industria y Competitividad aprobó financiar nuestro proyecto *La ciencia en Europa en torno a la Era de los Descubrimientos: la construcción de un nuevo enfoque del saber en Astronomía y Navegación (textos árabes, latinos y españoles)* (FFI2014-56462-P), de cuatro años de duración (2015-2019). En este proyecto, el profesor José

Antonio González Marrero[2] y yo nos interesamos por las dinámicas del conocimiento en la denominada Era de los Descubrimientos teniendo en cuenta los precedentes árabes y latinos relacionados con la emergencia de nuevas formas de expresión del conocimiento en Europa en las matemáticas, la astronomía, la cartografía y la navegación. Gracias al profesor González Marrero he podido ampliar mis perspectivas en investigación y aprender otras formas de abordar el texto manuscrito.

El premio que tuvo a bien concederme la Fundación Abdulaziz Saud al-Babtain de Kuwait en 2015[3] ha supuesto un gran impulso para mi investigación en estos últimos años. Su generosa cuantía económica me ha permitido seguir accediendo a archivos y bibliotecas de Marruecos, España y Francia. Agradezco al Señor Abdulaziz al-Babtain[4], fundador de la *Abdulaziz Saud Albabtain Cultural Foundation*, su constante preocupación y apoyo a la creación literaria, al estudio y a la cultura de la paz.

A ello debo sumar mi agradecimiento a la Real Academia de la Historia por proporcionarme la copia digital del manuscrito del *Quatri partitu* de Alonso de Chaves, conservado en la institución.

---

[2] Profesor del área de Filología Latina del Departamento de Filología Clásica, Francesa, Árabe y Románica de la Universidad de La Laguna.

[3] Premio Internacional de Investigación Abdulaziz Saud al-Babtain sobre Historia y Cultura de al-Ándalus otorgado a mi monografía titulada *Mīqāt, misāḥa, ḥisāb (Astronomía religiosa, Agrimensura y Aritmética). La enseñanza de las matemáticas con la ayuda de instrumentos astronómicos según el cadí mālikí ʿIzz al-Dīn b. Masʿūd b. Farmīǧa (siglo 8 H. / XIV J.C.)*.

[4] Abdulaziz al-Babtain falleció el 15 de diciembre de 2023 a la edad de 87 años. Entre las distinciones que obtuvo a lo largo de su vida cabe citar el doctorado *honoris causa* de la Universidad de Córdoba (2013), primer *honoris causa* otorgado por esta universidad a una figura pública árabe, y el premio del Día Internacional de la Lengua Árabe de la ONU (2021).

Esta investigación forma parte de las actividades del grupo de investigación consolidado "Latino-Arabica: Textos y contextos del saber griego, latino y árabe" del Instituto Universitario de Estudios Medievales y Renacentistas (IEMYR) de la Universidad de La Laguna.

PREFACIO

En 1630, se imprimía en el taller de Ioannem Ianssonium en Amsterdam el mapa *Portvgallia et Algarbia quae olim Lvsitania* del cartógrafo portugués del siglo XVI Fernando Alvares Seco[5], el primer mapa conocido de Portugal, publicado por primera vez en 1560[6] y que se incluiría en el *Theatrum Orbis Terrarum* de Abraham Ortelius[7]. Este mapa presenta en alguna de sus versiones el frontispicio que hemos elegido como portada de nuestro libro. Se compone de un medallón ornado con hojas de acanto que enmarca el título del mapa. Detrás del medallón, se adivina una forma arquitectónica que reposa sobre una base de líneas rectas sobre la cual, a izquierda y a derecha, están colocados dos hombres ataviados con turbantes, túnicas, capas y calcetas. La persona de la izquierda sostiene en su mano derecha un cuadrante y en su mano izquierda un libro abierto. La persona situada a la derecha tiene en sus manos una ballestilla. Ambos dirigen su mirada a la esfera armilar que corona el medallón del título, representando la observación de los cielos con instrumentos astronómicos. ¿Dos personas con ropajes orientales usando

[5] Activo entre 1561 y 1585.
[6] En Roma. Grabado obra de Sebastiano di Re.
[7] Primera edición 1570.

instrumentos astronómicos en el frontispicio de un mapa de Portugal de un cartógrafo portugués del siglo XVI que se imprime en Ámsterdam en el siglo XVII? ¿A qué narrativa cartográfica corresponde? ¿Se trata de una ilustración que reconoce elementos que proceden de la ciencia y la técnica que durante siglos se desarrolló en el contexto de la cultura árabe-islámica? ¿Este frontispicio forma parte de una narrativa eurocentrada o ilustra un reconocimiento a la contribución árabe-islámica a la ciencia? ¿Qué significa?

A lo largo de estas páginas reflexionaremos de forma amplia sobre intersecciones entre tradiciones náuticas que, a priori, podrían parecer distantes si se pierde de vista que la mar es una experiencia idéntica en cualquier contexto, pues es necesario y vital saber cómo navegarla: son necesarias una teoría y una práctica náutica.

Figura 1. Mapa *Portvgallia et Algarbia, quae olim Lvsitania Auctore Vernando Alvero Secco*, Amstelodami, Ioannem Ianssonium, 1630. Detalle. Ejemplar de la Bibliothèque nationale de France, signatura GED-7872. Gallica: https://gallica.bnf.fr/ark:/12148/btv1b84466307. Catálogo BnF: https://catalogue.bnf.fr/ark:/12148/cb40742676w

La llamada Era de los Descubrimientos (siglos XV y XVI) se extiende por un período histórico estudiado en múltiples ocasiones desde diversas perspectivas y disciplinas: historia, literatura, lingüística, economía, sociología... Constituye un momento histórico frontera en el que queda atrás un mundo y se abre otro muy distinto desde y en torno al cual se construirá una nueva mentalidad en el contexto de los intereses de Portugal y España, potencias económicas de la época.

Es indudable que el factor económico está en la base de los grandes cambios que se producen en esta etapa. Antiguas leyendas y un conocimiento real, adquirido a partir de viajes como el de Marco Polo, sobre las riquezas inagotables de Asia, fueron el motor inicial del viaje de Colón en busca de una nueva ruta marítima para alcanzar las Indias, travesía que comienza el 3 de agosto de 1492 en el puerto de Palos (Huelva) poniendo rumbo a Canarias[8]. El viaje se había iniciado partiendo hacia occidente y no hacia oriente. Para alcanzar las Indias por occidente había que navegar por un océano poco o nada conocido: el Atlántico.

El conocimiento práctico parece haber sido suficiente para la navegación desde la antigüedad hasta la época medieval, que se mantiene durante siglos dentro de los límites de prácticas náuticas no disruptivas. Es a partir del encuentro más asombroso de nuestra historia, como calificó Tzvetan Todorov el Descubrimiento[9], cuando comienza una nueva etapa en la historia de la navegación, si bien la naturaleza de este cambio no se conoce con claridad ni en detalle. El

[8] Véase TEJERA GASPAR, ANTONIO. *Los cuatro viajes de Colón y las Islas Canarias (1492-1502)*, La Laguna, Francisco Lemus Editor, 2000.

[9] *La Conquête de l'Amérique. La Question de l'autre*, París, Seuil, 1982.

avance técnico es evidente en esta época, pero sus fundamentos están aún por determinar en su totalidad[10].

¿Resultado de algunos errores científicos y de algunos aciertos poéticos? ¿Eso fue el descubrimiento de América?[11] La historiografía literaria y cultural hispanoamericana insistió en la fuerza determinante que tuvo la utopía clásica de la Edad de Oro, transmutada en el sueño del Paraíso Terrestre, en el arranque de los viajes de Colón[12]. Este enfoque, por otro lado, válido y sugestivo, pudo haber opacado, en el contexto de la investigación histórica, el conocimiento de elementos presentes en textos del siglo XVI en los que se documenta que los Reyes Católicos eran conscientes de las carencias de la navegación española y de la necesidad de crear una institución que construyera el edificio teórico-práctico imprescindible para descubrir, poseer y explotar el Nuevo Mundo.

La literatura náutica del siglo XVI muestra el gran interés de los navegantes del Atlántico por mejorar las técnicas de navegación, que tendrán muy en cuenta la meteorología, los vientos y las mareas, así como un buen conocimiento de una serie de instrumentos náuticos utilizados para la orientación, el cálculo del tiempo y de las distancias[13]. Este conocimiento

---

[10] AGUIAR AGUILAR, MARAVILLAS. "Los primeros instrumentos de navegación que viajaron a América. Un estudio del Quatri partitu o Espejo de navegantes (*ca.* 1528) de Alonso de Chaves", en *Mélanges de la Casa de Velázquez. Nouvelle série*, vol. 49, nº 1, 2019, pp. 223-244.

[11] REYES, ALFONSO. *Última Tule*, nº XI de sus *Obras completas*, México, Fondo de Cultura Económica, 1960 (segunda reimpresión 1997), p. 44.

[12] REYES, ALFONSO. *Última Tule*, nº XI de sus *Obras completas*, México, Fondo de Cultura Económica, 1960 (segunda reimpresión 1997), pp. 42-43.

[13] Cesáreo Fernández Duro publicó en 1878 una valiosa aproximación a la tipología de los instrumentos náuticos en su trabajo titulado "Instrumentos náuticos que se guardan en el Museo Naval. Breves noticias de su objeto y construcción y de algunos instrumentarios españoles". Véase también LÓPEZ PIÑERO, JOSÉ MARÍA. *El arte de navegar en la España del Renacimiento*, Barcelona, Labor, 1979 (2ª ed.=1986); SELLÉS GARCÍA, MANUEL. *Instrumentos de navegación. Del Mediterráneo*

tiene entre sus antecedentes el saber matemático y astronómico desarrollado por la civilización árabe islámica.

En lo que se refiere a los textos que se elaboran en torno a los nuevos planteamientos científico-técnicos de la náutica, se observan cambios significativos en la creación y articulación de contenidos, así como en la manera en que se presenta el saber en contextos formales. Partiendo de esta hipótesis de trabajo, prestamos especial atención a la relación existente entre la actividad científica y la enseñanza y su representación en un nuevo discurso en el que participaron elementos matemáticos y cosmográficos previos. Por otro lado, nos acercaremos a una nueva institución, la Casa de la Contratación y su funcionalidad como institución que albergó también la enseñanza de conocimientos matemáticos, astronómicos, cartográficos y náuticos. Observamos dos realidades distintas, pero conexas: 1) que los principales instrumentos astronómicos de origen árabe fueron bien conocidos en Europa y que fueron usados como recurso didáctico en la enseñanza de las matemáticas y de la astronomía y 2) que estos instrumentos están presentes en el conjunto de herramientas náuticas utilizadas a bordo en las travesías hacia el Nuevo Mundo. Señalamos, además, el papel crucial de la Casa de la Contratación de Sevilla como motor de la creación de una "teoría de la navegación", seleccionando y estructurando contenidos y utilizando formas expresivas distintas a los relatos o diarios de navegación, que entroncan con la literatura medieval de viajes. Esta nueva narrativa es la que

al Pacífico, Barcelona, Lunwerg, 1994; GONZÁLEZ ALLER, JOSÉ IGNACIO. "Instrumentos científicos del Museo Naval de Madrid", en *Arbor. Ciencia, pensamiento y cultura*, vol. 164, nº 647-648, 1999, pp. 365-384; y GONZÁLEZ GONZÁLEZ, FRANCISCO JOSÉ. "Del 'arte de marear' a la navegación astronómica: los navegantes españoles y sus instrumentos en la Edad Moderna", en *Armar y marear en los siglos modernos (XV-XVIII)*, Madrid, Servicio de Publicaciones de la Universidad Complutense de Madrid, 2006, pp. 135-166.

está presente en el conjunto de textos producidos en la Casa de la Contratación, una forma de textualidad que se encuadra en el formato de manual de orientación docente.

Como afirma Hamdani[14], la tradición náutica árabe fue continua y conectó la experiencia marítima del Océano Índico, el Golfo Pérsico, el Mar Rojo y el Mediterráneo y sostiene que sería un error pensar que Portugal y España desarrollaron una navegación astronómica de forma independiente sin los conocimientos árabes precedentes, como tampoco sería posible pensar que desconocían la tradición náutica de Aḥmad b. Māǧid[15] y del yemení Sulaymān al-Mahrī[16], los dos grandes navegantes del Océano Índico de mediados del XV y de comienzos del XVI respectivamente. Esta información compartida está presente en cierto modo en los textos españoles del siglo XVI sobre navegación. Así, nos acercamos a la historia de la navegación española en la Era de los Descubrimientos alejándonos de una interpretación de la misma como un proceso estático en el tiempo, desligado del continuum de la práctica náutica, para pasar a apreciarla en el contexto de dinámicas más amplias y globales sin separar de manera absoluta la experiencia marítima

---

[14] HAMDANI, ABBAS. "An Islamic background to the voyages of discovery", en KHADRA JAYYUSI, SALMA (ed.). *The Legacy of Muslim Spain*, Leiden, Brill, 1992, p. 289 [273-304].

[15] Nacido en la antigua Ǧulfār, actual Rā's al-Ḫaima, al norte de Omán en el actual Emirato de Rā's al-Ḫaima (Emiratos Árabes Unidos), *ca*. 1420 y fallecido *ca*. 1500. El sistema de transliteración de caracteres árabes a latinos utilizado en el presente texto es: ' - b - t - ṯ - ǧ - ḥ - ḫ - d - d - r -z - s - š - ṣ - ḍ - ṭ - ẓ - ' - ġ - f - q - k - l - m - n - h - w - y. Vocales cortas: a, i, u. Vocales largas: ā, ī, ū. Alif maqṣūra: à.

[16] Del que se conoce apenas algún detalle biográfico. En una traducción al turco de algunas de sus obras se afirma que falleció antes de 1554. *Cf*. ACEVEDO, JUAN *et al. Indian Ocean Arab Navigation Studies Towards a Global Perspective: Annotated Bibliography and Research Roadmap, RUTTER Technical Notes 2 version 5*, Lisboa, ERC RUTTER Project, University of Lisbon, 2023, p. 29.

del Índico de la navegación atlántica. En este sentido, interesa observar si los conocimientos náuticos que permitieron realizar travesías en el Océano Índico fueron conocidos y adoptados (o adaptados) por los pilotos portugueses y españoles para navegar por el Océano Atlántico. Sin duda, como ya ha señalado Henrique Leitão, es necesario incluir las contribuciones de Portugal y España en las narrativas del surgimiento de la modernidad científica europea[17], pero acompañadas también por el conjunto de avances de la ciencia y de la técnica árabe-islámica, tal y como venimos señalando en trabajos anteriores.

Con este planteamiento nos hemos acercado a los tratados de navegación producidos a lo largo del siglo XVI y entre los que se encuentra el *Quatri partitu en cosmographia practica, y por otro nombre Espejo de navegantes* de Alonso de Chaves (n. *ca*. 1492 y m. *ca*. 1586)[18]. Se trata del primer ejemplar de una serie de textos de similar contenido en los que se integran los conocimientos prácticos y teóricos que se consideraban necesarios para la formación de los pilotos

---

[17] LEITÃO, HENRIQUE. "Prefacio", en SÁNCHEZ MARTÍNEZ, ANTONIO. *La espada, la cruz y el Padrón: Soberanía, fe y representación cartográfica en el mundo ibérico bajo la Monarquía Hispánica, 1503-1598*, Madrid, CSIC, 2013, p. 22.

[18] AGUIAR AGUILAR, MARAVILLAS. "*Quatri partitu en cosmographia pratica i por otro nombre llamado Espejo de navegantes* by Alonso de Chaves: a navigation manual for the instruction of Spanish pilots in the sixteenth century", en AGIUS, DIONISIUS A. *et al.* (eds.). *Ships, Saints and Sealore: Cultural Heritage and Ethnography of the Mediterranean and the Red Sea*, Oxford, Archaeopress, 2014, pp. 41-59; y "Los primeros instrumentos de navegación que viajaron a América. Un estudio del *Quatri partitu* o *Espejo de navegantes* (*ca*. 1528) de Alonso de Chaves", en *Mélanges de la Casa de Velázquez. Nouvelle série*, vol. 49, nº 1, 2019, pp. 223-244. SÁNCHEZ MARTÍNEZ, ANTONIO. "Practical Cosmography in Early Modern Iberia: Alonso de Chaves and his *Espejo de Navegantes*", en *Journal of Early Modern Studies*, nº 12, 2023, pp. 99-128.

en la Casa de la Contratación de Sevilla (1503-1790)[19], institución encargada de certificar los conocimientos náuticos de los nuevos pilotos mayores, condición indispensable para navegar, de manera legal, hacia el Nuevo Mundo[20]. En una primera etapa, la enseñanza impartida en la Casa de la Contratación se basó en el conocimiento práctico de los navegantes. Sin embargo, terminó prevaleciendo el conocimiento teórico-científico, lo que supuso realizar un notable esfuerzo de compilación, selección y desarrollo de herramientas náuticas como las cartas de navegación y los instrumentos de medición de uso a bordo.

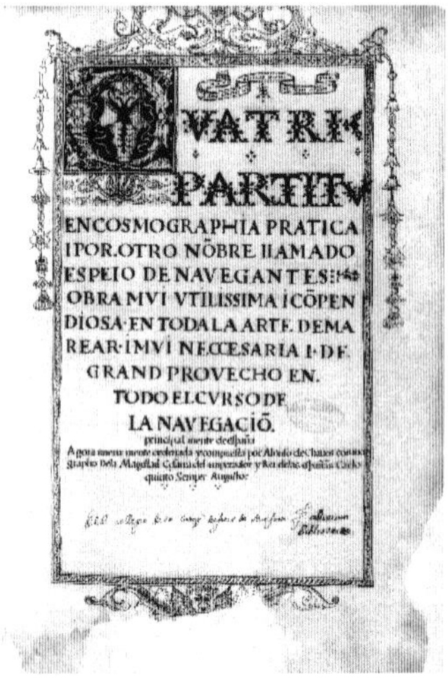

Figura 2. Portada frontispicio del *Quatri partitu en cosmographia practica* de Alonso de Chaves. Ejemplar único conservado en la Real Academia de la Historia (Madrid, España)

[19] Los estudios sobre la institución son muy numerosos. Remitimos a la excelente monografía de SÁNCHEZ MARTÍNEZ, ANTONIO. *La espada, la cruz y el Padrón: Soberanía, fe y representación cartográfica en el mundo ibérico bajo la Monarquía Hispánica, 1503-1598*, Madrid, CSIC, 2013; y "Los artífices del Plus Ultra: Pilotos, cartógrafos y cosmógrafos en la Casa de la Contratación de Sevilla durante el siglo XVI", en *Hispania. Revista Española de Historia*, vol. 70, nº 236, 2010, p. 608, nota 1 [607-632], donde cita los que considera textos clásicos sobre el funcionamiento de la Casa de la Contratación.

[20] Como veremos más adelante, el texto de Alonso de Chaves permaneció inédito y desconocido durante mucho tiempo por contener información estratégica para España.

El *Quatri partitu en cosmographia practica* es la expresión de este cambio, un testimonio escrito a caballo entre la tradición medieval y el nuevo periodo que se abre en el campo de la astronomía aplicada y de la cartografía en la Era de los Descubrimientos, una dinámica que no puede comprenderse sin atender a la continuidad de conocimientos y técnicas árabes, más allá de un análisis eurocentrado de la modernidad que ha asumido que el cambio de paradigma de la ciencia y la técnica que se produce en el siglo XVI fue un extraordinario evento aislado de otras tradiciones náuticas. Recordando las palabras de Mauricio Nieto Olarte:

> Ese nuevo orden que comprende, y crea vínculos entre lo familiar y lo nuevo, fue concebido desde una cultura que se define por su empeño y su éxito en domesticar al resto del planeta[21].

[21] NIETO OLARTE, MAURICIO. "Ciencia, imperio, modernidad y eurocentrismo: el mundo atlántico del siglo XVI y la comprensión del Nuevo Mundo", en *Historia Crítica. Edición especial* (2009), p. 32 [12-32].

INTRODUCCIÓN: EL ARTE DE NAVEGAR EL ATLÁNTICO

> Toda la Arte con que se navega por derrotas y alturas, se divide en dos partes principales, Teorica, y Pratica. La Teorica da el conocimiento de la compostura de la Esfera del mundo, en general; y en particular enseña el numero, figura y movimientos de los cielos [...]. La pratica enseña la fabrica, composicion y uso de los instrumentos que en la navegación sirven, qual es el Astrolabio, Ballestilla, Aguja, y Relox, con el regimiento del Sol y dela Estrella, las reglas de la Luna, y delas mareas, y la declaración dela carta, con otras cosas a esto pertenecientes.
>
> ZAMORANO, RODRIGO. *Compendio de la Arte de Navegar,* Sevilla, 1581

La expansión europea medieval hacia el Atlántico meridional tuvo el comercio como principal impulso. En palabras de Miguel Ángel Ladero Quesada: "El proceso de apertura del Océano es inseparable de un interés mercantil casi siempre decisivo"[22].

---

[22] "Le processus d'ouverture de l'Océan est indissociable d'un intérêt mercantile presque toujours déterminant". *Cf.* LADERO QUESADA, MIGUEL ANGEL. "L'Espagne et

Se trata de un espacio geoeconómico en el que, en perspectiva africana, fueron esenciales las dinámicas de las rutas transaharianas, y, en perspectiva europea, la búsqueda de una ruta alternativa hacia oriente y, una vez conocido el entorno, el comercio de seres humanos, dando lugar a viajes por mar de mallorquines y catalanes desde mediados del siglo XIV[23]. La evangelización de los aborígenes canarios fue también una empresa de gran interés, hasta el punto de que el pontífice Clemente VI creó el Principado de la Fortuna en 1344, un nuevo reino atlántico situado en Canarias adjudicado al infante don Luis de la Cerda o de España, conde de Clermont y almirante de Francia[24].

El motor económico sin duda está en la base de las relaciones de las sociedades mediterráneas con el Atlántico con anterioridad al descubrimiento de las Indias a finales del siglo XV y, con ello, la apertura a un conocimiento del Atlántico más allá de sus dimensiones africanas. Sin embargo, y de manera acertada, John Elliott señala que "la dimensión africana es la que proporciona a la historia atlántica gran parte

l'océan à la fin du Moyen Âge", en *Actes des congrès de la Société des historiens médiévistes de l'enseignement supérieur public, 17e congrès, Nantes, 1986. L'Europe et l'Océan au Moyen Âge. Contribution à l'Histoire de la Navigation*, Nantes, CID éditions, 1988, p. 115 [115-130].

23 La expedición mallorquina más conocida es la de 1342, emprendida por los capitanes Francesc des Valer y Domingo Gual a bordo de las cocas Santa Créu, Santa Magdalena, Sant Joan y una cuarta de nombre desconocido. *Cf.* RUMEU DE ARMAS, ANTONIO. "La exploración del Atlántico por mallorquines y catalanes en el siglo XIV", en *Anuario de Estudios Atlánticos*, nº 10, 1964, p. 174 [163-178] y "La expedición militar mallorquina de 1366 a las islas Canarias", en *Anuario de Estudios Atlánticos*, nº 27, 1981, p. 16 [15-23].

24 RUMEU DE ARMAS, ANTONIO. *El obispado de Telde: misioneros mallorquines y catalanes por el Atlántico*, Telde, Ayuntamiento de Telde, 2001, pp. 39-43.

de su renovada vitalidad"[25], reforzando la idea de que es necesario que las sociedades africanas estén presentes en los estudios de Historia Atlántica, vinculándose los tres continentes: Europa, África y América. Y, con mayor precisión, el especial protagonismo de las islas Canarias en relación con el continente americano[26].

Señala Ladero que Sevilla, Jerez y sus puertos[27] experimentaron en el siglo XV un periodo de esplendor mercantil que representa el preludio y punto de referencia para las empresas americanas. Este apogeo tenía antecedentes lejanos, ya que el Atlántico andaluz se encontraba, desde el último cuarto del siglo XIII, en la encrucijada de dos grandes rutas: la que conectaba las metrópolis comerciales del Mediterráneo con las del norte a través del Estrecho de Gibraltar y la ruta sahariana, que llegaba hasta las costas de Berbería. Además, añade Ladero, la lucha por la denominación del Estrecho había llevado a establecer en Sevilla, desde la época de Alfonso X (1252-1284), los astilleros reales para la construcción naval, así como la base de la flota de galeras de la Corona y la sede principal del Almirantazgo. Sin embargo, a finales del siglo XIV, este aspecto original, militar y real de la marina andaluza era solo un recuerdo y, ya en el siglo XV, se limitaba a alquilar barcos para flotas de guerra[28]. Hacia

---

[25] ELLIOTT, JOHN. "En búsqueda de la Historia Atlántica", en *Felipe V y el Atlántico. III centenario del advenimiento de los Borbones: XIV Coloquio de Historia Canario-Americana*, Las Palmas de Gran Canaria, Cabildo Insular de Gran Canaria, 2002, p. 22 [20-36].

[26] DE PAZ, MANUEL. "Canarias y América. Aspectos de una vinculación histórica", en *Anuario americanista europeo*, nº 4-5, 2006-2007, p. 198 [197-211].

[27] Cádiz, Puerto de Santa María, Palos, Rota, Chipiona, Sanlúcar de Barrameda, Moguer, Huelva, Ayamonte.

[28] LADERO QUESADA, MIGUEL ANGEL. "L'Espagne et l'océan à la fin du Moyen Âge", en *Actes des congrès de la Société des historiens médiévistes de l'enseignement supérieur public, 17 e congrès, Nantes, 1986. L'Europe et l'Océan au Moyen Âge. Contribution à l'Histoire de la Navigation*, Nantes, CID éditions, 1988, p. 121 [115-130].

1492, Andalucía era el centro cosmopolita de un comercio de gran magnitud, lo que contribuyó de manera decisiva al desarrollo del interés de los marineros andaluces por las rutas oceánicas[29]. Las relaciones con la costa atlántica del Magreb, en el eje de la ruta que discurría entre Andalucía hasta las islas Canarias, representaron un aspecto importante de la actividad marítima andaluza en el siglo XV. Las escalas eran frecuentes en los puertos marroquíes exportadores de trigo: Ceuta, Arcila, Larache, Salé[30], Azamor, Mazagán, Mogador, Safi, Anfa y la "Casa del Caballero". Sin embargo, las empresas de conquista permanecieron en manos portuguesas (Ceuta en 1415, Alcazarseguer en 1458, Arcila, Larache y Tánger en 1471), aunque los castellanos abastecieron en alguna ocasión estos puertos[31].

La situación fue distinta en la zona meridional del Atlántico, hacia el Sahara, espacio geográfico donde el reino de Castilla buscaba establecerse de manera permanente desde mediados del siglo XV. Su objetivo era obtener beneficio del comercio de las caravanas, capturar esclavos y proteger la pesca. Prueba de ello es la concesión otorgada en 1449 por Juan II al duque de Medina Sidonia de la costa comprendida

---

[29] LADERO QUESADA, MIGUEL ANGEL. "L'Espagne et l'océan à la fin du Moyen Âge", en *Actes des congrès de la Société des historiens médiévistes de l'enseignement supérieur public, 17ᵉ congrès, Nantes, 1986. L'Europe et l'Océan au Moyen Âge. Contribution à l'Histoire de la Navigation*, Nantes, CID éditions, 1988, p. 121 [115-130].

[30] En el *Rawḍ al-qirṭās* (crónica histórica de 1326 sobre la dinastía benimerín) se narra cómo el 12 de septiembre de 1260 el emir Ya'qūb b. 'Abd al-Ḥaqq recibió, estando en el *ribāṭ* de Taza, la noticia de que los cristianos habían entrado en Salé dos días antes (el 10 de septiembre de 1260, correspondiente a 2 de šawwāl de 658 del calendario de la Hégira). Se trata del intento de Alfonso X de conquistar Salé. *Cf.* IBN ABĪ ZAR'. *Rawḍ al-qirṭās*, trad. de Ambrosio Huici Miranda, 2 vols., Valencia, Anubar Ediciones, 1964, vol. II, p. 571 y ss.

[31] LADERO QUESADA, MIGUEL ANGEL. "L'Espagne et l'océan à la fin du Moyen Âge", en *Actes des congrès de la Société des historiens médiévistes de l'enseignement supérieur public, 17ᵉ congrès, Nantes, 1986. L'Europe et l'Océan au Moyen Âge. Contribution à l'Histoire de la Navigation*, Nantes, CID éditions, 1988, p. 122 [115-130].

entre los cabos de Aguer y Bojador, incluyendo "la Mar Pequeña, donde hay muchas pesquerías y se puede conquistar tierra adentro"[32]. Pero la presencia portuguesa en la costa africana fue anterior a la castellana y, sobre todo, más importante y superior a esta, tal y como se reconoció en los tratados de Alcáçovas (1480) y Tordesillas (1494) para la zona desde el cabo de Aguer al norte hasta el cabo Bojador al sur. La presencia castellana no pasa de manifestarse en forma de incursiones y razias irregulares. Durante la guerra contra Portugal (1475-1480), se organizaron expediciones que partieron desde puertos andaluces hacia Guinea. Pero con la paz de 1480 estas expediciones cesaron, siendo incluso prohibidas por la Corona[33].

Los marinos andaluces experimentaron las características de la navegación atlántica en el curso de sus expediciones pesqueras, que se fueron intensificando con el tiempo, extendiéndose hacia el sur hasta llegar a Angra dos Ruivos[34], Angra de los Caballos[35] y Río de Oro[36].

---

[32] LADERO QUESADA, MIGUEL ANGEL. "L'Espagne et l'océan à la fin du Moyen Âge", en *Actes des congrès de la Société des historiens médiévistes de l'enseignement supérieur public, 17 e congrès, Nantes, 1986. L'Europe et l'Océan au Moyen Âge. Contribution à l'Histoire de la Navigation*, Nantes, CID éditions, 1988, p. 122 [115-130].

[33] LADERO QUESADA, MIGUEL ANGEL. "L'Espagne et l'océan à la fin du Moyen Âge", en *Actes des congrès de la Société des historiens médiévistes de l'enseignement supérieur public, 17 e congrès, Nantes, 1986. L'Europe et l'Océan au Moyen Âge. Contribution à l'Histoire de la Navigation*, Nantes, CID éditions, 1988, p. 123 [115-130].

[34] O *Angra de los Rubios*, ensenada de los rubios. Recibe este nombre por ser el rubio (*ruivo*) o perlón rojo (*Trigla lineata*) el pescado predominante en la zona. *Cf.* AZNAR, EDUARDO y CORBELLA, DOLORES. *África y sus islas en el Manuscrito de Valentim Fernandes*, Madrid, Dykinson, 2021, p. 87.

[35] El topónimo *Angra dos Cavalos*, ensenada de los caballos, hace alusión a la correría ecuestre de dos de los mozos de la expedición de Afonso Gonçalves Baldaia. Rica pesquería disputada entre castellanos y portugueses. *Cf.* AZNAR, EDUARDO y CORBELLA, DOLORES. *África y sus islas en el Manuscrito de Valentim Fernandes*, Madrid, Dykinson, 2021, p. 87.

[36] Es decir, hasta la actual región económica marroquí de Dajla-Río de Oro (ár. Ğiha al-Dāḫla Wādī al-Dahb), antigua Villa Cisneros.

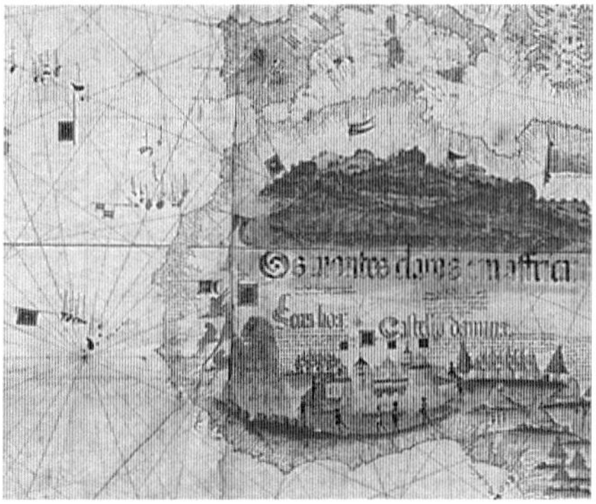

Figura 3. Detalle del planisferio de Cantino (1502). Biblioteca Universitaria Estense (Modena, Italia). Dominio público

Si bien la presencia catalano-mallorquina en el Atlántico fue importante en el siglo XIV, se redujo en el siglo XV a un tráfico mercantil secundario en la ruta hacia Flandes e Inglaterra. En cambio, la navegación andaluza se intensificó en el siglo XV debido al contacto con las grandes rutas del comercio internacional y a la exploración y dominación de las costas africanas y de Canarias[37]. El objetivo (el comercio) necesitó un medio (la navegación) para circular por el Atlántico a escalas más complejas que las experimentadas en la navegación medieval.

Si con carácter previo a la Era de los Descubrimientos los viajes de navegantes del área mediterránea por la costa atlántica meridional se realizaban conforme a las técnicas utilizadas en aquel mar antiguo, aplicándose a una navegación de

[37] LADERO QUESADA, MIGUEL ANGEL. "L'Espagne et l'océan à la fin du Moyen Âge", en *Actes des congrès de la Société des historiens médiévistes de l'enseignement supérieur public, 17 e congrès, Nantes, 1986. L'Europe et l'Océan au Moyen Âge. Contribution à l'Histoire de la Navigation*, Nantes, CID éditions, 1988, p. 123 [115-130].

cabotaje que discurría ayudada por los vientos conocidos y el avistamiento de la costa, sin duda la práctica de la pesca en la costa occidental africana supuso una experiencia distinta y enriquecedora para el arte de navegar. Por la fachada atlántica magrebí, circularán los mismos tipos de barcos que más adelante serían los navíos que cruzarían el Atlántico en busca de las Indias[38].

A partir de los viajes de Cristóbal Colón, así como de los viajes de los navegantes portugueses, emergen nuevos planteamientos tanto en la manera de navegar como en los medios y recursos necesarios para cruzar el Atlántico y arribar a las costas americanas. Bien adentrado el siglo XVI, el navegante y cartógrafo español Juan de Escalante de Mendoza[39] distinguía entre la navegación *de costa y derrota* y la *de altura y escuadría*, dos tipos de navegación que requerían conocimientos y habilidades distintos[40]. La navegación por derrota era aquella que se realizaba calculando la distancia recorrida por medio del rumbo, mientras que la navegación por *altura y escuadría*[41] era la astronómica, la realizada observando las estrellas. Hasta finales del siglo XVIII, el cálculo de la longitud en el mar constituyó en problema difícil de

---

38 Ladero Quesada, Miguel Angel. "L'Espagne et l'océan à la fin du Moyen Âge", en *Actes des congrès de la Société des historiens médiévistes de l'enseignement supérieur public, 17 e congrès, Nantes, 1986. L'Europe et l'Océan au Moyen Âge. Contribution à l'Histoire de la Navigation*, Nantes, CID éditions, 1988, p. 123 [115-130].

39 Nacido en 1529 y fallecido en 1596. Su biografía puede consultarse en Lamb, Ursula. "Juan de Escalante de Mendoza", en López Piñero, José María, Glick, Thomas F., Navarro Brotóns, Víctor y Portela Marco, Eugenio. *Diccionario histórico de la ciencia moderna en España*, Barcelona, Ediciones Península, t. I, 1983, pp. 301-302.

40 Escalante de Mendoza, Juan de. *Ytinerario de navegación de los mares y tierras occidentales*, 1575. Manuscrito conservado en la Biblioteca del Museo Naval de Madrid (España), signatura Ms. 2519. Fue transcrito por Martín Fernández de Navarrete en 1791. Esta transcripción se conserva en la Biblioteca Nacional de España (Madrid). El Museo Naval de Madrid publicó su edición en 1985.

41 Véase DICTER 2.0 https://dicter.usal.es/?palabra=escuadr%C3% Ada&tipo=0.

resolver. Este cálculo se realizaba de manera indirecta mediante lo que en el arte de navegar se conocía como "los cuatro términos". Se trataba de determinar la longitud, la latitud, el rumbo y la distancia recorrida por la nave cada día y marcar su posición sobre la carta náutica. Sin la longitud, solo con la latitud, el rumbo y la distancia recorrida, se determinaban los tres puntos conocidos como *de escuadría* (conociendo el rumbo y la latitud), *de fantasía* (conociendo el rumbo y la distancia recorrida) y *de fantasía y altura* (conociendo la latitud y la distancia recorrida)[42]. Este punto de inflexión entre la navegación de costa y de altura que tuvo lugar en la navegación atlántica aún no nos es del todo conocido en lo que se refiere a las técnicas náuticas utilizadas. De ello forma parte la aplicación y el desarrollo de instrumentos astronómicos y náuticos preexistentes utilizados en los siglos anteriores y que tienen su origen en el desarrollo científico y técnico protagonizado siglos antes por la cultura árabe-islámica.

Una nueva forma de navegar surge en el momento en que la navegación se abre hacia y por el océano Atlántico. Aquellas aguas que ya fueron conceptualizadas por los griegos como la fuente de todos los mares más pequeños, como un gran río que rodeaba y contenía la tierra, las aguas exteriores por oposición a las aguas interiores. Aguas oceánicas que pasan a ser un espacio marítimo real y transitado.

---

[42] Véase Sellés García, Manuel. *Navegación astronómica en la España del siglo XVIII*, Madrid, UNED, 2000.

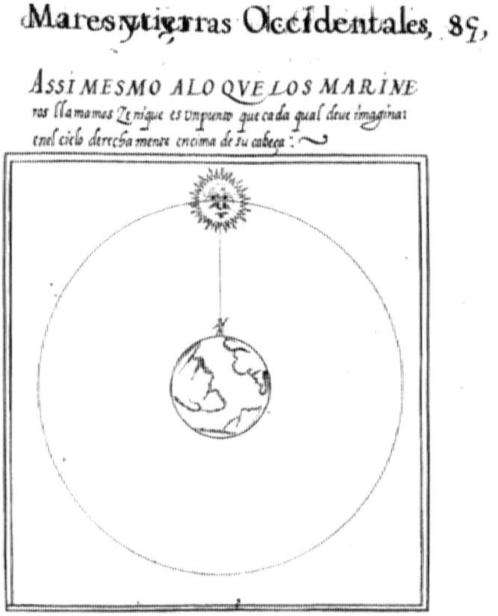

Figura 4. Ilustración explicativa del término astronómico *zenique* o cénit/zenit/zénit, arabismo de la lengua española que procede del árabe *samt [al-ra'as]* ("dirección de la cabeza"). Folio 85r del *Ytinerario de navegación de los mares y tierras occidentales* de Juan Escalante de Mendoza (1575)

La experiencia de los navegantes españoles en las travesías atlánticas revelaría dificultades y carencias de carácter técnico, quedando tal extremo de manifiesto en la Real Cédula de 6 de agosto de 1508[43] en la que los Reyes Católicos nombran a Américo Vespucio piloto mayor.

---

[43] FERNÁNDEZ DE NAVARRETE, MARTÍN. "Real Cédula de 6 de agosto de 1508", en *Colección de los viajes y descubrimientos que hicieron por mar los españoles desde fines del siglo XV con varios documentos inéditos concernientes á la historia de la*

Los monarcas expresaban su descontento porque los pilotos desconocían:

> cómo se han de regir é gobernar, e de no tener fundamento para saber tomar por el cuadrante é estrolabio la altura [...] é por remediar lo susoidicho, é porque es necesario que asi para la dicha navegación a las Indias, como para otras navegaciones que con ayuda de nuestro señor, esperamos mandar faser para descobrir otras tierras, es necesario que haya personas mas espertas é mejor fundadas, é que sepan las necesarias para tales navegaciones.

Esta información contrasta con la que se plasmó en la siguiente anotación de 11 de marzo de 1498 que se encuentra en el diario del viaje de Vasco da Gama a la India (1497-1499)[44] y que hace referencia a las características de las embarcaciones y el uso de la brújula, el cuadrante y la carta náutica en la isla de San Jorge (Mozambique):

---

marina castellana y de los establecimientos españoles en Indias, vol. 3: Viages menores y los de Vespucio, poblaciones en la Darien (suplemento al t. II), doc. IX, Sección Segunda, Madrid, Imprenta Nacional, 1829, pp. 299-301.

[44] El diario, conservado en el Monasterio de Santa Cruz de Coímbra (Portugal), fue trasladado en 1834 a la Biblioteca Pública Municipal de Porto (Câmara Municipal do Porto) por Alexandre Herculano (1810-1877). Se trata de un texto escrito por una persona anónima que realizó el viaje y su título completo es *Roteiro da primeira viagem de Vasco da Gama à Índia, 1497-1499*. No consta fecha de redacción, pero el análisis paleográfico del documento lo sitúa en la primera mitad del siglo XVI. El ejemplar manuscrito conservado en Porto es copia del original perdido y está considerada la única conservada. Se compone de 45 hojas de 29 cm. y su signatura es Ms. 804 (antigua MS. 145). El documento puede consultarse en repositorio digital de la Biblioteca Pública Municipal do Porto http://arquivodigital.cm-porto.pt/Conteudos/Conteudos_BPMP/MS804/MS-804.htm. (Accedido: 29/02/2024). Sobre Vasco da Gama véase SUBRAHMANYAM, SANJAY. *The career and legend of Vasco da Gama*, Cambridge, Cambridge University Press, 1997.

> *As naaoos desta terra sam grandes e sem cubertas e nam tem pregadura e andam apertados com tamiça e iso mesmo os barcos. E suas vellas sam esteiras de palma, e os marinheiros dellas tem agulhas genoiscas [variante genovesas en dos de las ediciones del texto] per se regem e quadrantes e cartas de marear*[45].

> Las naos de esta tierra son grandes y sin cubierta y no tienen clavos [*pregadura*] sino que van sujetos con soga [*tamiça* = cordel de palmera o de esparto] e igual los barcos. Sus velas son esteras de palma y los que navegan con ellas tienen brújulas genovesas [*agulhas genoiscas*] por las que se rigen y cuadrantes y cartas de marear[46].

Es necesario tener en cuenta que la búsqueda erudita consciente de mejoras de las técnicas navales estuvo presente en el desarrollo de la navegación durante la Era de los Descubrimientos. La navegación mediterránea (que es la navegación medieval) y la atlántica (la "nueva" navegación) presentaban diferencias notables dada la necesidad de recorrer por mar mayores distancias y con nuevos objetivos comerciales y evangelizadores de una amplitud hasta el momento desconocida. También fue necesario conocer corrientes marinas y vientos diferentes, las mareas y otras condiciones meteorológicas del espacio atlántico[47].

---

[45] VELHO, ALVARO. *Roteiro da primeira viagem de Vasco da Gama à Índia,* ed. de José Marques, Porto, Faculdade de Letras da Universidade do Porto, 1999, p. 53.
[46] La traducción de este fragmento de texto es nuestra.
[47] Véase ALBUQUERQUE, LUÍS DE. "Astronomical Navigation", en ARMANDO CORTESÃO. *History of Portuguese Cartography*, 2 vols., Coimbra, Junta de Investigações do Ultramar-Lisboa, vol. I, 1969, y vol. II, 1971, vol. II pp. 221-357; e "Instruments for Measuring Altitude and the Art of Navigation", en CORTESÃO, ARMANDO. *History of Portuguese Cartography*, 2 vols., Coimbra, Junta de Investigações do Ultramar-Lisboa, vol. I, 1969, y vol. II, 1971, vol. II, pp. 359- 442.

Un conjunto de herramientas se crea, pues, para superar la antigua forma de navegar, basada hasta entonces exclusivamente en la experiencia práctica del marinero. Estas herramientas eran principalmente técnicas y objetos utilizados para la orientación en el mar y la localización de lugares geográficos.

Desde la Antigüedad se habían inventado diversos instrumentos que servían para calcular el tiempo a partir de la observación de la altura meridiana del sol o de las estrellas y será en el siglo XII cuando los instrumentos astronómicos comienzan a usarse en navegación de forma simplificada[48]. Entre los instrumentos utilizados en la navegación medieval se encuentran la calamita, como antecedente de la brújula, el astrolabio que evolucionó hacia una versión simplificada de uso en navegación, el cuadrante náutico, la ampolleta o reloj de arena, la ballestilla, el nocturlabio y las tablas astronómicas.

Los estudios sobre la navegación revelan una tendencia a observarla a través de una perspectiva cultural, lo que ha limitado su estudio histórico. De manera intrínseca y genérica, la navegación se ha definido como "europea" opuesta a cualquier otra navegación y, entre ellas, la "árabe" (denominación que alude implícitamente a lo "árabe-islámico"), de tal modo que se atribuye una mayor autoridad intelectual a la navegación "europea", en particular la de la era moderna, que no se aplica a otras culturas[49].

---

[48] Un claro ejemplo de simplificación se encuentra en el astrolabio astronómico estándar y su versión náutica. Véase González Marrero, José Antonio y Medina Hernández, Carlos. "Técnicas astronómicas de orientación e instrumentos náuticos en la navegación medieval", en *Fortunatae: Revista canaria de filología, cultura y humanidades clásicas*, nº 20, 2009, pp. 17-30.

[49] Staples, Eric. "Indian Ocean navigation in Islamic sources 850-1560 CE", en *History Compass*, vol. 16, nº 9, 2018, p. 8 [1-11].

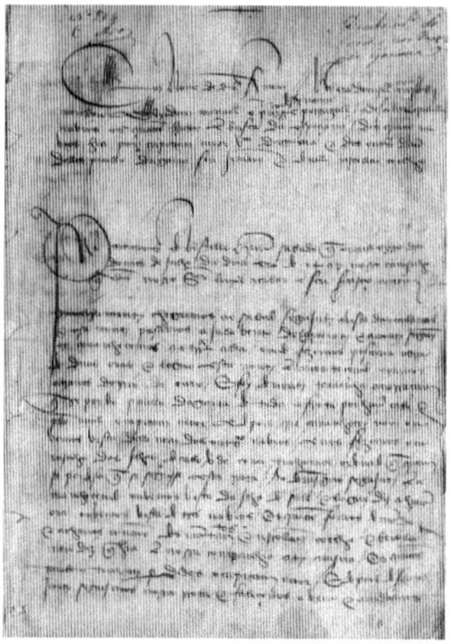

Figura 5. Página de inicio del *Roteiro da primeira viagem de Vasco da Gama à Índia, 1497-1499,* http://arquivodigital.cm-porto.pt/Conteudos/Conteudos_BPMP/MS-804/MS-804.html © CMP, Biblioteca Pública Municipal do Porto. Accedido: 29/02/2024

La primera navegación árabe fue preislámica. Su manifestación más temprana se remonta al uso de balsas en el Mar Rojo, tal y como se menciona en fuentes griegas y latinas[50]. Estrabón[51] hace referencia en su *Geografía* a balsas (δερματίνοις πλόιοις) utilizadas por los árabes del sur de la península de Arabia para navegar por el Mar Rojo hacia las costas africanas para comerciar[52].

Plinio, en su *Historia natural*[53], menciona la existencia de piratería en aquella zona. El tráfico marítimo de la zona se desarrollaba desde época ptolemaica en el contexto de una amplia red de puertos y fondeaderos, como el estratégico Leuke Kome (λευκή κώμη), puerto de Petra situado en el Mar Rojo[54]. Con la llegada de los romanos, el puerto de Leuke

[50] Christides, Vassilios. "Milāḥa (1. In the pre-Islamic and early mediaeval periods)", en Bosworth, C. E. *et al.* (eds.). *The Encyclopaedia of Islam. New Edition*, Leiden, Brill, vol. VII, 1993, p. 41 [40-46].

[51] Nacido *ca*. 64 o 63 a. J. C. y fallecido *ca*. 23 o 24 d. J. C.

[52] *Geografía*, XVI, p. 4 y 19.

[53] Plinio. *Historia natural*, VI, 19.

[54] Juchniewicz, Karol. "Aynuna: A Case Study of the Changing Functions of a Hijazi Coastal Settlement from the Nabatean to the Early Islamic Period", en *Études et Travaux*, nº 35, 2022, pp. 39-57.

Kome pierde importancia y será Ayla, en el golfo de 'Aqaba, el puerto que se desarrolle como un enclave crucial para el comercio marítimo en el siglo IV de J.C.[55].

Las fuentes árabes han conservado escasas referencias a la navegación árabe anteriores al periodo islámico[56]. El hecho de que el Corán contenga léxico referido al mar y a la navegación de influencia persa, india y greco-romana[57] define el campo de acción de la navegación árabe preislámica, eminentemente comercial y secundaria en comparación con la navegación persa y bizantina. En el periodo islámico, el desarrollo de la navegación árabe comienza en califato omeya[58] y tras la fase de expansión y conquista de territorios, cuando se observa la necesidad de poseer una buena flota, tanto pilotos y barcos como enclaves portuarios. No obstante, es durante el periodo

---

[55] *Cf.* Christides, Vassilios. "Milāḥa (1. In the pre-Islamic and early mediaeval periods)", en Bosworth, C. E. *et al.* (eds.). *The Encyclopaedia of Islam. New Edition*, Leiden, Brill, vol. VII, 1993, p. 41 [40-46].

[56] Una amplia perspectiva sobre la historiografía y estado de la cuestión sobre la navegación árabe, en particular sobre la navegación árabe en el Océano Índico, se encuentra en Acevedo, Juan, Bénard, Inês y Müller, Juliane. *Indian Ocean Arab Navigation Studies Towards a Global Perspective: Annotated Bibliography and Research Roadmap, RUTTER Technical Notes 2 version 5*. Lisboa, ERC RUTTER Project, University of Lisbon, 2023. DOI: 10.5281/zenodo.8315319. Dos trabajos previos a este ofrecen excelentes síntesis: Agius, Dionisius A. *Seafaring in the Arabian Gulf and Oman*, Nueva York y Londres, Routledge, 2005, pp. 4-9; y Staples, Eric. "Navigation in Islamic Sources", en al-Salimi, Abdulrahman y Staples, Eric (eds.). *Oman: A Maritime History*, Hildesheim, Georg Olms Verlag, 2017, pp. 224-228 [223-252]. Staples, Eric. "Indian Ocean navigation in Islamic sources 850-1560 CE", en *History Compass*, vol. 16, nº 9, 2018, pp. 1-11 es de lectura imprescindible para comprender el marco de referencia y los desafíos que plantea la investigación sobre la navegación en el Océano Índico. Remitimos a Acevedo, Juan *et al.*, donde se encuentra un completo repertorio bibliográfico.

[57] *Cf.* Christides, Vassilios. "Milāḥa (1. In the pre-Islamic and early mediaeval periods)", en Bosworth, C. E. *et al.* (eds.). *The Encyclopaedia of Islam. New Edition*, Leiden, Brill, vol. VII, 1993, p. 41 [40-46].

[58] *Al-Dawla al-'umawiyya o al-ḫilāfat al-'umawiyya*, el califato omeya (661-750).

abbasí[59] cuando tiene lugar el verdadero desarrollo de la navegación árabe, produciéndose un cambio en la supremacía que durante siglos había ostentado la navegación bizantina.

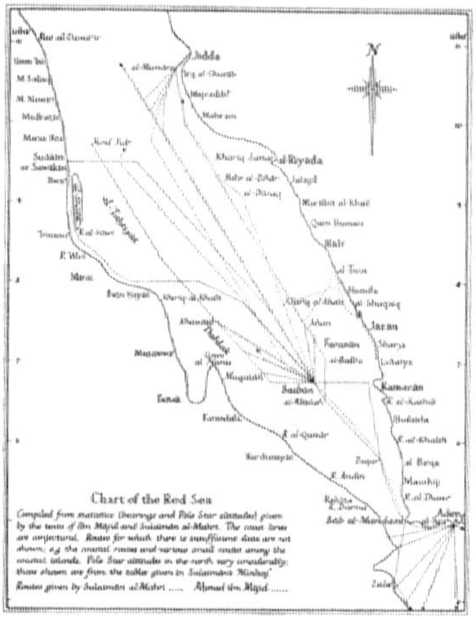

Figura 6. Mapa del Mar Rojo elaborado a partir de los textos de Ibn Māǧid y de Sulaymān al-Mahrī publicado en GERARD R. TIBBETTS. "Arab Navigation in the Red Sea", en *The Geographical Journal*, Vol. 127, nº 3, 1961, p. 324 [322-334]

Algunas fuentes escritas, elementos iconográficos y escasos hallazgos arqueológicos sugieren un proceso de transición en la construcción de embarcaciones. En el siglo XV aparecen balsas que se construyen con tablones clavados, algo que los especialistas interpretan como una influencia portuguesa y mediterránea. Este hecho se confirma en fuentes medievales que mencionan el clavado de tablas como una técnica conocida, pero que se evitaba porque se creía que los elementos metálicos del casco de la embarca-

[59] *Al-Dawla al-'abbāsiyya* o *al-ḫilāfat al-'abbāsiyya*, el califato abbasí, dinastía que se extendió entre el 750 y el 1258, año en el que se produce la caída de Bagdad a manos del ejército mongol dirigido por Hulagu Kan.

ción constituían un factor potencial de impacto o encallamiento en los arrecifes. Aunque esta tradición material parezca una superstición, en realidad subyace la certeza de que una embarcación hecha con tablones clavados era menos flexible que la de tablones cosidos, lo que hacía a las segundas más resistentes en el caso en que se produjera un impacto contra un arrecife[60].

Los mares de la cultura árabe-islámica fueron durante siglos el Mar Rojo (ár. *baḥr al-qulzum*[61], *baḥr al-Ḥiǧāz*[62] o *al-baḥr al-aḥmar*[63]), el Índico (*baḥr al-Hind*[64]) y el Mediterráneo

---

60 HOURANI, GEORGE F. *Arab Seafaring in the Indian Ocean in Ancient and Early Medieval Times*, edición revisada y aumentada a cargo de John Carswell, Princeton, Princeton University Press, 1995, pp. 87-99. Sobre las embarcaciones de madera utilizadas en el Mar Rojo y el Océano Índico véase AGIUS, DIONISIUS A., COOPER, JOHN P. y ZAZZARO, CHIARA. "The maritime heritage of Yemen: a focus on traditional wooden 'dhows'", en AGIUS, DIONISIUS A., GAMBIN, TIMMY y TRAKADAS, ATHENA (eds.) con asistencia de NASH, HARRIET. *Ships, Saints, and Sealore: Cultural Heritage and Ethnography of the Mediterranean and the Red Sea*, Oxford, Archaeopress Archaeology, 2014, pp. 143-157. Cheryl Ward ofrece una buena síntesis en su "Sailing the Red Sea: ships, infrastructure, seafarers and society", en AGIUS, DIONISIUS A., GAMBIN, TIMMY y TRAKADAS, ATHENA (eds.) con la asistencia de NASH, HARRIET. *Ships, Saints, and Sealore: Cultural Heritage and Ethnography of the Mediterranean and the Red Sea*, Oxford, Archaeopress Archaeology, 2014, pp. 115-124.

61 Lit. "el mar de Clisma". Fue el nombre más común para el Mar Rojo. Qulzum es la arabización del antiguo nombre del puerto egipcio de Clisma, cerca de Suez. *Cf.* BECKER, C. H. y BECKINGHAM, C. F. "Baḥr al-qulzum", en ROSSKEEN GIBB, HAMILTON ALEXANDER *et al. The Encyclopaedia of Islam. New Edition*, Leiden, Brill, vol. I, 1986, pp. 931-933.

62 Lit. "el mar del Ḥiǧāz". *Cf.* BECKER, C. H. y BECKINGHAM, C. F. "Baḥr al-qulzum", en ROSSKEEN GIBB, HAMILTON ALEXANDER *et al. The Encyclopaedia of Islam. New Edition*, Leiden, Brill, vol. I, 1986, p. 931 [931-933].

63 Lit. "el mar rojo". Del griego Ερυθρὰ Θάλασσα. En latín *Rubrum mare*.

64 Véase HARTMANN, R. y DUNLOP, D. M. "Baḥr al-Hind", en ROSSKEEN GIBB, HAMILTON ALEXANDER *et al. The Encyclopaedia of Islam. New Edition*, Leiden, Brill, vol. I, 1986, pp. 930-931. Los árabes llamaban *baḥr al-zanǧ* a la próspera área comercial de la parte occidental del *baḥr al-Hind*, que baña la costa este de África desde el golfo de Adén (*al-ḫalīǧ al-barbarī*) hasta Sufāla y Madagascar. El nombre deriva del topónimo *bilād al-Zanǧ*, "el territorio de los Zanǧ", es decir, de las tribus bantúes.

(*baḥr al-Rūm* o *al-baḥr al-rūmī*[65]). También les era conocido el Océano Atlántico, al que las fuentes árabes se refieren con varios nombres: *al-baḥr al-muḥīṭ*[66] o *baḥr uqiyānūs al-muḥīṭ* o simplemente *uqiyānūs*[67] (literalmente "el mar que envuelve", es el mar circundante de los antiguos griegos), *al-baḥr al-a'ẓam* (el gran mar), *al-baḥr al-aḫḍar* (el mar verde), *al-baḥr al-ġarbī* (el mar occidental). También *al-baḥr al-miẓlām* o *al-baḥr al-ẓulamāt* (el mar oscuro, tenebroso).

> El Océano Negro recibe este nombre a causa de que sus aguas ofrecen a simple vista el aspecto de tinta negra, aunque si se coge un poco de esta agua en el hueco de la mano se puede observar que es clara y pura, aunque más amarga que el acíbar y terriblemente salada. Cuando esta misma agua llega al Mar de Rūm parece verde, o mejor, entre verde y gris[68].

No está claro el origen árabe del nombre *zanǧ*, se atribuye al griego (lo menciona ya Ptolomeo como Ζίγγις) o al persa (*zang, zangī*). *Cf.* BECKER, C. H. y DUNLOP, D. M. "Baḥr al-zanǧ", en ROSSKEEN GIBB, HAMILTON ALEXANDER *et al. The Encyclopaedia of Islam. New Edition*, Leiden, Brill, vol. I, 1986, pp. 937-938.

[65] Lit. "el mar de los griegos" o "el mar griego". Véase DUNLOP, D. M. "Baḥr al-Rūm", en ROSSKEEN GIBB, HAMILTON ALEXANDER *et al. The Encyclopaedia of Islam. New Edition*, Leiden, Brill, vol. I, 1986, pp. 934-936.

[66] MORTON DUNLOP, DOUGLAS. "Al-baḥr al-muḥīṭ", en ROSSKEEN GIBB, HAMILTON ALEXANDER *et al. The Encyclopaedia of Islam. New Edition*, Leiden, Brill, vol. I, 1986, p. 934.

[67] Del griego Ὠκανός al árabe, que lo adapta como *uqiyānūs*. Véase AGUIAR AGUILAR, MARAVILLAS. "La navegación en el Atlántico sur en la Baja Edad Media: a propósito de Canarias y la entrada *Uqiyānus* del *Kitāb al-rawḍ al-mi'ṭār fī ḫabar al-aqṭār* de Ibn 'Abd al-Mun'im al-Ḥimyarī (m. 900/1494)", en MEOUAK, MOHAMED y PUENTE, CRISTINA DE LA (eds.). *Vivir de tal suerte. Homenaje a Juan Antonio Souto Lasala*, Córdoba y Madrid, Cordoba Near Eastern Research Unit-CSIC-Oriens Academic, 2014, pp. 31-46.

[68] AL-ĠARNATĪ, ABŪ ḤĀMID (nacido en 1080 y fallecido en 1170). *Tuḥfat al-albāb*. Esta fuente árabe del siglo XII se refiere al Atlántico en el sentido griego de Ὠκανός. Su nombre, explica Abū Ḥāmid al-Ġarnatī, se debe a que sus aguas ofrecen a simple vista el aspecto de la tinta negra. Este contenido se repite en su *Al-*

La navegación se basaba en el avistamiento de tierra a simple vista. Se navegaba preferentemente costeando, viendo tierra, tal y como se documenta en fuentes árabes como la *Nuzhat al-muštāq fī iḫtirāq al-āfāq* (*Recreo para quien desea recorrer el mundo*)[69] del geógrafo ceutí del siglo XII Muḥammad b. Muḥammad al-Idrīsī.

> Esta primera parte del quarto clima principia en la última banda del Occidente [...] y esta punta está en el extremo de Occidente, en los últimos términos de lo habitado de la tierra, cercada por el mar Océano, y no se sabe lo que hay más allá de este mar Océano: ninguno ha podido averiguar cosa cierta de él, por su difícil y peligrosa navegación, obscuridad, profundas aguas y frecuentes tempestades, por el temor de sus enormes pescados y soberbios vientos; pero se hallan en él muchas islas, algunas habitadas, y despobladas otras: no habrá marino que se atreva á navegarle, ni á entrar en su profundidad; y si algo han navegado en él ha sido siempre siguiendo sus costas sin apartarse de ellas: las olas de este mar aunque se agitan y oprimen entre sí elevadas como montes, se mantienen siempre así, y no se quiebran: porque si se rompieran sería imposible el surcarle[70].

Mu'rib 'an ba'ḍ 'ağā'ib al-Maġrib. *Cf.* AL-ĠARNATĪ, ABŪ ḤĀMID. *Tuḥfat al-albāb*, traducción de Ana Ramos, Madrid, CSIC, 1990, p. 62; y *Al-Mu'rib 'an ba'ḍ 'ağā'ib al-Maġrib*, edición y traducción de Ingrid Bejarano, Madrid, CSIC, 1991, p. 70.

69 Conocido también como *Kitāb Rūğar* (*Libro de Roger*) por tratarse de una obra cartográfica realizada por al-Idrīsī por encargo del rey normando Roger II de Sicilia, en cuya corte de Palermo vivió el autor. Edición abreviada Roma, 1592. La edición completa, a cargo de un equipo de 23 autores, fue publicada por el *Istituto Universitario Orientale de Napoles* entre 1970 y 1984. *Cf.* BUSTAMANTE COSA, JOAQUÍN. "Al-Idrīsī", en REAL ACADEMIA DE LA HISTORIA. *Diccionario Biográfico electrónico* (en red, https://dbe.rah.es/biografias/8899/al-idrisi).

70 Traducción de Conde. *Cf. Dikr al-Andalus. Tā'līf Šarīf al-Idrīsī. Descripción de España de Xerif Aledris conocido por el Nubiense, con traducción y notas de Don Josef Antonio Conde de la Real Biblioteca*, Madrid, Imprenta Real, 1799, pp. 2 y 5 (traducción) y 3 y 4 (edición árabe).

El *Al-rawḍ al-mi'ṭār fī ḫabar al-aqṭār,* diccionario histórico-geográfico de Muḥammad b. 'Abd al-Mun'im al-Ḥimyarī, recoge la entrada *uqiyānus* (océano) y ofrece una información bastante amplia sobre el Atlántico conocido en el siglo XV[71]:

> Uqiyānus. Es uno de los nombres del Mar de las Tinieblas (*baḥr al- ẓulamāt*), llamado también el Mar Verde (*al-baḥr al-aḫḍar*) y el Circundante (*al-muḥīṭ*), al que no se le conoce límite ni se sabe su extensión y en el cual no hay seres vivos. Es el mar del que sale el Mediterráneo (*al-baḥr al-rūmī*), que es el mar de Siria, Egipto, el Magreb y al-Andalus. Realmente este mar es un golfo (*ḫalīǧ*) que sale de aquél. El andalusí Ḫašḫāš, que era un joven (*fityān*) de Córdoba, arriesgó su vida con un grupo de jóvenes de la misma ciudad al embarcar en unas naves que habían preparado. Penetraron en este mar permaneciendo fuera durante algún tiempo. Más tarde volvieron con abundante botín y noticias que fueron difundidas. Pero solamente se navegaba en este mar por el oeste y el norte, es decir, desde los confines del país de los negros (*bilād al-sūdān*) hasta Bretaña, que es una gran isla que se localiza en el extremo septentrional. En él, frente al país de los negros, hay seis islas llamadas las Eternas (*al-ḫālidāt*). Nadie sabe lo que hay más allá. Si Dios, ensalzado sea, así lo quiere, contaré otra historia más extensa que

---

[71] Fallecido probablemente en 1494. El *Al-rawḍ al-mi'ṭār fī ḫabar al-aqṭār* de al-Ḥimyarī tiene como fuentes fundamentales el *Kitāb al-masālik wa-l-mamālik* de al-Bakrī (siglo XI), la *Nuzhat al-muštāq fī iḫtirāq al-āfāq* de al-Idrīsī (siglo XII) y el *Kitāb al-istibṣār fī 'aǧā'ib al-amṣār* atribuida a Abū 'Umar b. 'Abd Rabbihi (siglo XIII). Su fecha de redacción no se conoce con certeza. Si bien una de las seis copias manuscritas conservadas menciona como tal el año 866 de la Hégira (1461 d. J. C.), otras fuentes hacen referencia al 821 (1418 d. J. C.) como año de fallecimiento de al-Ḥimyarī.

> la anterior, en referencia a los que se adentraron en este mar, en la entrada correspondiente a Lisboa (*al-ušbūna*)[72].

Ibn Jaldún[73] es el autor que más detalles ofrece y, sobre todo, detalles originales e interesantes que plasman su propio conocimiento sobre la navegación de su tiempo. En la *Muqaddima* señala, por ejemplo, que en su tiempo no existían cartas náuticas para surcar el Atlántico como las que sí había para navegar por el Mediterráneo[74]:

> La navegación en el Atlántico se rige por el conocimiento de los vientos. Estas reglas de orientación son aprendidas por navegantes y marineros. En cambio, la navegación en el Mediterráneo se realiza utilizando una lámina en la que están indicados y situados las localidades de la costa, de acuerdo con su forma real y la posición que ocupan. Los puntos desde donde soplan los vientos y las diferentes direcciones que éstos siguen están también indicados en esta lámina, llamada *al-kunbāṣ*[75], en la

---

[72] Texto árabe y traducción publicados en AGUIAR AGUILAR, MARAVILLAS. "La navegación en el Atlántico sur en la Baja Edad Media: a propósito de Canarias y la entrada *Uqiyānus* del *Kitāb al-rawḍ al-mi'ṭār fī ḫabar al-aqṭār* de Ibn 'Abd al-Mun'im al-Ḥimyarī (m. 900/1494)", en MEOUAK, MOHAMED y PUENTE CRISTINA DE LA (eds.). *Vivir de tal suerte. Homenaje a Juan Antonio Souto Lasala*, Córdoba y Madrid, Cordoba Near Eastern Research Unit-CSIC-Oriens Academic, 2014, pp. 43-44 [31-46].

[73] El bien conocido y célebre intelectual, autor de la *Muqaddima*, nacido en Túnez en 1332 y fallecido en El Cairo en 1406.

[74] Un análisis de las referencias de Ibn Jaldún sobre actividades marítimas se encuentra en KAHLAOUI, TAREK. "The Maghrib's Medieval Mariners and Sea Maps: The *Muqaddimah* as a Primary Source", en *Journal of History of Sociology*, 30 (2017), pp. 43-56.

[75] La denominación *al-qunbās* se documenta en varias fuentes árabes en referencia a los portulanos. Véase DUCENE, JEAN-CHARLES. "Le portulan arabe décrit par al-'Umarī", en *Comité français de Cartographie* 216 (junio 2013), pp. 81-90. *Al-qunbās* no es una palabra patrimonial de la lengua árabe. Se trata de un préstamo que podría proceder de *canevas* (lona), que procede a su vez del *canevaz* anglo-francés del siglo XIII y del francés antiguo *canevas*, que tanto en

> cual se basan los navegantes en sus viajes. Sin embargo, todo esto no existe en [lo que concierne al] mar Circundante (*al-baḥr al-muḥīṭ*) y, por ello, los barcos no se adentran en él porque, al perder de vista las costas, difícilmente podrían emprender su regreso[76].

Ibn Jaldún menciona también en la *Muqaddima* la expedición atlántica que llevó al genovés Lanzarotto Malocello a Canarias en el año 740 de la Hégira (julio de 1339-junio de 1340), noticia recogida también por al-Maqrīzī[77] en su *Durar al-'uqūd al-farīda fī tarāǧim al-a'yān al-mufīda*[78]. Una expedición que debe comprenderse en relación con el sultán meriní Abū l-Ḥasan 'Alī Al-Manṣūr bi-Llāh, a quien los genoveses informaron en Ceuta sobre su viaje hacia el Atlántico medio[79].

Los primeros textos árabes que contienen ya información sobre aspectos teóricos y prácticos de la navegación datan de mediados del siglo XV y del siglo XVI y se refieren al Océano Índico, como mencionábamos más arriba. Sus autores son Aḥmad b. Māǧid y Sulaymān al-Mahrī, los dos grandes navegantes del Índico de mediados del XV y de comienzos del XVI

inglés como en francés aluden a una tela fuerte, gruesa, sin blanquear, hecha de cáñamo, lino, algodón o similar, que se utiliza para hacer velas, etc. y como superficie para pintar. El nombre del material con estaba hecho el portulano habría servido para expresar el nombre genérico de portulano mismo.

[76] La traducción es nuestra.

[77] Historiador egipcio nacido en 1364 y fallecido en 1442.

[78] Véase VIGUERA MOLINS, MARÍA JESÚS. "Eco árabe de un viaje genovés a las islas Canarias antes de 1340", en *Medievalismo*, nº 2, 1992, pp. 257-258; "Camino del Atlántico: lo advierte Ibn Jaldūn", en VIGUERA, MARÍA JESÚS (coord.). *Ibn Jaldūn. El Mediterráneo en el siglo XIV. Auge y declive de los imperios*, Sevilla, Junta de Andalucía, Fundación El Legado Andalusí, pp. 50-55; y QUARTAPELLE, ALBERTO. "El redescubrimiento de las islas Canarias en el *anno Domini* 1339", en *Revista de Historia Canaria*, nº 199, 2017, pp. 11-37.

[79] *Cf.* VIGUERA MOLINS, MARÍA JESÚS. "Eco árabe de un viaje genovés a las islas Canarias antes de 1340", en *Medievalismo*, nº 2, 1992, pp. 257-258.

respectivamente. Sus instrucciones náuticas fueron publicadas por Ferrand hace ahora un siglo (1921-1923)[80].

Aḥmad b. Māǧid es uno de los grandes referentes de la navegación árabe premoderna. Nacido hacia 1420 en el seno de una ilustre familia de navegantes, su padre y su abuelo fueron *mu'allim-s* (maestros navegantes)[81]. Su obra escrita circulaba en época de la llegada de los portugueses al Océano Índico[82]. Se ha especulado durante varias décadas sobre si Vasco Da Gama conoció la obra de Aḥmad b. Māǧid[83]. A falta de un estudio comparativo, la posibilidad de que se produjera este

---

80 *Instruction nautiques et routiers arabes et portugais des XVe et XVIe siècles reproduits, traduits et annotés para Gabriel Ferrand, 3 vols., París, Paul Geuthner, 1921-1928* (volumen I: *Le pilote des mers de l'Inde, de la Chine et de l'Indonésie, par Šihāb ad-Dīn Aḥmad bin Mājid dit 'le Lion de la Mer'. Texte arabe, reproduction phototypique de manuscrit 2292 de la Bibliothèque Nationale de Paris;* volumen II: *Instructions nautiques de Sulaimān el-Mahrī*; volumen III: *Introduction à l'astronomie nautique árabe*). Reimpresión: Frankfurt am Main, Institut für Geschichte der Arabisch-Islamischen Wissenschaften (Goethe Universität), 1986.

81 El término *mu'allim* en árabe clásico significa "maestro, preceptor" y, en el léxico náutico, "maestro de navegación, piloto". Véase FERRAND, GABRIEL. "Les *Mu'allim* Ibn Mājid et Sulaymān al-Mahrī", en FERRAND, GABRIEL (ed.). *Introduction à l'astronomie nautique árabe*, París, Librairie Orientaliste Paul Geuthner, 1928, pp. 177-255; y MAQBUL AHMAD, SAYYID. "Ibn Mādjid", en LEWIS, B. *et al.* (eds.). *The Encyclopaedia of Islam. New Edition*, Leiden, Brill, vol. III, 1979, p. 856 [856-859].

82 Gerard R. Tibbetts menciona cuarenta textos suyos en su *Arab navigation in the Indian Ocean before the coming of the Portuguese* (Londres, Royal Asiatic Society of Great Britain and Ireland, 1971, pp. 18-22), pero ACEVEDO, JUAN *et al.* (*Cf. Indian Ocean Arab Navigation Studies Towards a Global Perspective: Annotated Bibliography and Research Roadmap, RUTTER Technical Notes 2 version 5*, Lisboa, ERC RUTTER Project, University of Lisbon, 2023, p. 20) afirman que son solo cuatro los tratados importantes y el resto, hasta treinta y dos identificados, se trataría de textos de menor relevancia.

83 *Cf.* KHOURY, IBRAHIM. *Aḥmad ibn Mājid, ḥayātuhū, mu'allafātuhū, istiḥālat liqā'ihī bi-Fāskū dī Ghāmā (Aḥmad ibn Mājid, su vida, sus obras y la imposibilidad de su encuentro con Vasco da Gama)*, Ra's al-Ḫayma, Markaz al-dirāsa wa-l-watā'iq, 2001, p. 104 y p. 114.

contacto o de que la obra de Aḥmad b. Māǧid fuera incorporada a los tratados náuticos europeos es, por el momento, solo una hipótesis.

En su *Kitāb al-fawā'id fī uṣūl 'ilm al-baḥr wa-l-qawā'id (Libro sobre los comentarios acerca de los principios y fundamentos de la ciencia náutica)*[84], Aḥmad b. Māǧid explica distintos elementos que deben conocer los navegantes expertos tales como la historia de la navegación (comenzando por su cita a Noé[85] y llegando hasta la época del autor), las cualidades del piloto (*mu'allim*), las mansiones lunares[86] y el uso de la brújula, entre otros[87]. Su continuador fue Sulaymān al-Mahrī[88].

---

84 Considerada la obra más importante de Aḥmad b. Māǧid. Acevedo, Juan *et al.* Citan el resto de sus obras en: *Indian Ocean Arab Navigation Studies Towards a Global Perspective: Annotated Bibliography and Research Roadmap, RUTTER Technical Notes 2 version 5*, Lisboa, ERC RUTTER Project, University of Lisbon, 2023, pp. 22-29.

85 Véase Aguiar Aguilar, Maravillas. "El mito del diluvio en contexto islámico", en *Notandum*, nº 27, 2024. DOI: http://dx.doi.org/10.4025 /notandum.vi62.71864.

86 Sobre las mansiones lunares (ár. *manāzil al-qamar*), el sistema de pronosticación meteorológica, con aplicaciones en agricultura, medicina y adivinación de origen pre-islámico, véase Martín Varisco, Daniel. "The Origin of the anwā' in Arab Tradition", en *Studia Islamica*, nº 74, 1991, pp. 5-28; y Ackermann, Silke. "The path of the moon engraved. Lunar mansions on European and Islamic scientific instruments", en *Micrologus. Nature, Sciences and Medieval Societies. Rivista della Società Internazionale per lo Studio del Medioevo Latino. Il sole e la luna / The Sun and the Moon*, nº 12, 2004, pp. 135-164.

87 El repertorio de ediciones del Kitāb al-fawā'id y de los estudios publicados sobre el mismo puede consultarse en Acevedo, Juan *et al. Indian Ocean Arab Navigation Studies Towards a Global Perspective: Annotated Bibliography and Research Roadmap, RUTTER Technical Notes 2 version 5*, Lisboa, ERC RUTTER Project, University of Lisbon, 2023, pp. 20-22.

88 Del que se conocen apenas algún detalle biográfico. En una traducción al turco de algunas de sus obras se afirma que falleció antes de 1554. *Cf.* Acevedo, Juan *et al. Indian Ocean Arab Navigation Studies Towards a Global Perspective: Annotated Bibliography and Research Roadmap, RUTTER Technical Notes 2 version 5*, Lisboa, ERC RUTTER Project, University of Lisbon, 2023, p. 29. Las obras de Sulaymān al-Mahrī están citadas en Acevedo, Juan *et al.*, pp. 29-31.

Los textos de los navegantes Aḥmad b. Māǧid y Sulaymān al-Mahrī serían utilizados de manera interrumpida y, en general, de manera oral, por los capitanes de barco hasta la progresiva implantación de métodos modernos de navegación y de cartografía náutica[89]. La continuidad de los conocimientos náuticos de ambos navegantes se constata en el célebre *Mirāt ül Memālik* (*El espejo de los países*) (1557) del almirante otomano Seydi Ali Reis[90].

---

[89] AGIUS, DIONISIUS A. *Seafaring in the Arabian Gulf and Oman*, Nueva York y Londres, Routledge, 2005, p. 175.

[90] Seydi Ali Reis, o Sīdī 'Alī Re'īs, nacido en Estambul a comienzos del siglo XVI y fallecido en 1562. Su *Kitāb ül muḥīṭ fī 'ilm il-eflāk we-abḥur* (*Compendio sobre astronomía y navegación*) (*ca.* 1554), del que aún no disponemos de una traducción íntegra, recopila contenidos de las obras perdidas de navegación de Ibn Māǧid y Sulaymān al-Mahrī. Se conservan los siguientes manuscritos: 1) Estambul, Topkapı Sarayı, Revan Köçkü 1643, posiblemente autógrafo (publicado por Fuat Sezgin en edición facsímil en 1997), 2) Estambul, Topkapı Sarayı, Nuruosmaniye 2948, 3) Viena, Kat. Flügel, 1277 (copia realizada en 1558), y 4) Nápoles, Museo Borbónico, catalogado en Fornari, 1874, p. 63. Sobre los manuscritos conservados, véase IBN MĀǦID. *Instructions nautiques et routiers arabes et portugais,* ed. de Ferrand, t. III, 1921-1928, p. 251; y IHSANOGLU, EKMELEDDIN. *Osmanli coğrafya literatürü tarihi* (*Historia de la literatura geográfica del periodo otomano*), Estambul, Islam Tarih, Sanat ve Kültür Ara ştırma Merkezi (IRCICA), t. I, 2000, pp. 37-38. Traducción parcial en HAMMER, JOSEPH VON. "Extracts from the *Mohi't, that is the Ocean*, a Turkish work on Navigation in the Indian Seas", en *Journal of the Asiatic Society of Bengal*, nº 3, 1834, pp. 545-553; nº 5, 1836, pp. 441-468; nº 6, 1837, pp. 505-512; nº 7,1838, pp. 767-780; nº 8,1839, pp. 823-830. También en BITTNER, MAXIMILIAN y TOMASCHEK, WILHELM. "Die topographischen Capitel des indischen Seespiegels Mohīt. Festschrift zur Erinnerung an die Eröffnung des Seeweges nach Ostindien durch Vasco da Gama 1497", en *Mitteilungen der Kaiserlich-Königlichen Geographischen Gesellschaft in Wien*, nº 40, 1897, pp. 331-419. Véase GONÇALVES, JÚLIO, BITTNER, MAXIMILIAN y PEQUITO, ALFREDO. "O Bahr-I-Mohit ou 'Espelho dos mares' de Sidi-Ali ben Hussein: Roteiro do mar das Índias", en *Boletim da Sociedade de Geografia de Lisboa*, nº 76, 1958, pp. 3-55; MAQBUL AHMAD, SAYYID. "Ibn Mādjid", en LEWIS, B. *et al.* (eds.). *The Encyclopaedia of Islam. New Edition*, Leiden, Brill, vol. III, 1979, pp. 856-859 y SOUCEK, SVAT. "Sīdī 'Alī Re'īs", en *The Encyclopaedia of Islam. New Edition*, Leiden, Brill, vol. IX, 1997, pp. 535-536.

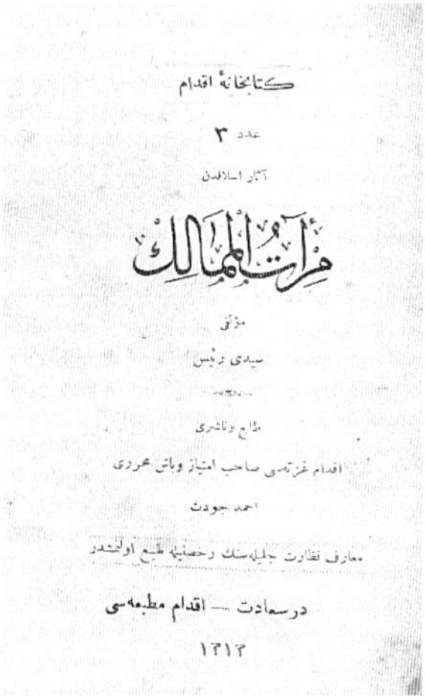

Figura 7. Portada de la edición del *Mirāt ül Memālik* (*El espejo de los países*) (1557) del almirante otomano Seydi Ali Reis publicada en Estambul en 1313 de la Hégira (1895 de J.C.). Fuente: https://www.iberlibro.com/Mirat-%C3%BCl-memalik-Asar-i-eslafdan-Seydi-Ali/12256693697/bd

En la España del siglo XVI, la astronomía se cultivó fundamentalmente en relación con la cosmografía (geografía matemática, cartografía y astronomía náutica), así como con la astrología y sus distintas aplicaciones a la medicina, meteorología, agricultura, etc., el cómputo del tiempo y los problemas del calendario, la filosofía natural o la cosmología. Así, la literatura astronómica española de esta época, tanto impresa como manuscrita, está contenida en tratados sobre el *Arte de navegar* y obras de geografía, así como en ediciones, con o sin comentarios, de la *Sphaera* de Sacrobosco y la *Historia Natural* de Plinio, o en otros textos de astronomía, clásicos, medievales o renacentistas. También hubo una proliferación de textos sobre instrumentos como el astrolabio, el ecuatorio o el reloj solar. Se escribieron lunarios y repertorios de los tiempos, textos de cómputo, cronología y calendarios, tratados de cometas u otros fenómenos particulares, con las correspondientes predicciones astrológicas y efemérides, o ediciones de tablas. Se hicieron de nuevo ediciones y comentarios de las obras de

Aristóteles, incluida la *Metafísica*, y de otros tratados de filosofía natural[91]. La Era de los Descubrimientos, inaugurada por los portugueses, propiciará que la ciencia astronómica dedique una especial atención a la navegación[92]. Los instrumentos para la navegación se utilizaron como elementos relevantes tanto para la práctica náutica como para enseñar la teoría náutica. Los pilotos, además de experiencia y práctica en el mar, debían conocer cómo se fabricaban y usaban los instrumentos náuticos, así como distintas técnicas para realizar las largas travesías que se requerían para llegar al Nuevo Mundo. Por ello, surge la necesidad de obtener y fabricar herramientas y técnicas, que tienen su origen en el legado clásico y en el desarrollo científico y técnico árabe-islámico. Esta tradición medieval conectará con el interés del Humanismo por el rescate de los textos de la Antigüedad en el Renacimiento. Hasta el siglo XV, el conocimiento práctico parece haber sido suficiente para navegar. Martín Cortés de Albacar[93], autor del primer tratado de navegación con base científica, explicaba que la navegación antigua no se guiaba por la observación del cielo[94].

---

[91] Navarro Brotons, Víctor. "Astronomía y cosmología en la España del siglo XVI", en Montesinos, José Luis y Toledo Prats, Sergio (eds.). *Los orígenes de la ciencia moderna. Actas año XI y XII*, Canarias, Dirección General de Ordenación e Innovación Educativa, 2002, pp. 188-189 [187-213].

[92] No citamos la rica literatura portuguesa de marinería, itinerarios, *diários de navegação* y *roteiros* en el presente trabajo para no apartarnos de su objetivo principal. Véase el inventario de Giurgevich, Luana. *Roteiros portugueses dos séculos XV e XVI (Manuscritos)*, serie *RUTTER Technical Notes Series*, nº 7, Lisboa, 2021.

[93] Marino, geógrafo y cosmógrafo. Nacido en Bujaraloz (Zaragoza) *ca*. 1510 y fallecido en Cádiz en 1582.

[94] Lo comenta en las primeras páginas de su *Breve compendio de la sphera y de la arte de navegar* (Sevilla, 1551 y Londres, 1561), en las que presenta su carta de dedicatoria dirigida al rey Carlos V.

> Ni tenian bruxola, o aguja por donde se rijesen, ni carta de marear por donde se gobernasen, carecian de la consideracion delas estrellas fasta que los fenices la inventaron y fueron los primeros que hera necessario (para caminar por la mar) poner los ojos en el cielo.

Arízaga y Bochaca dan constancia de la existencia a finales del siglo XV de un interés (que no es un interés institucional, como fue posteriormente el caso de la Casa de la Contratación de Sevilla) por compilar y difundir detallados conocimientos de cómo navegar por el golfo de Vizcaya[95]. Y Hamdani, por su parte, afirma que la tradición árabe en navegación es el punto en el que confluyeron la experiencia naval del océano Índico, el golfo Pérsico, el mar Rojo y el Mediterráneo, experiencias compartidas que conformarían los inicios de la navegación atlántica en la era moderna[96].

Por tanto, si partimos de la premisa de un desarrollo lineal de conocimientos de navegación conectados, esta información compartida debería estar presente de algún modo en los textos españoles de navegación del XVI. Este es el punto de partida del presente trabajo, en el que reflexiono sobre los precedentes de la navegación hispano-portuguesa de la Era

---

[95] ARIZAGA BOLUMBURU, BEATRIZ y BOCHACA, MICHEL. "Savoir nautique et navigation dans le golfe de Gascogne à la fin du Moyen Âge d'après *Le grant routtier et pyllotage et encrage de la mer de Pierre Garcie dit Ferrande*", en *Cuadernos del Cemyr* 15 (2007), pp. 91-108.

[96] "Sería un error suponer que las naciones de la Península Ibérica desarrollaron sus conocimientos independientemente de los árabes y que no conocían los textos árabes de Ibn Māŷid y al-Mahrī" (*It would be wrong to suppose that the Iberian nations developed their expertise independently of the Arabs and they were not aware of the Arabic works of Ibn Mājid and al-Mahrī*), *cf.* HAMDANI, ABBAS. "An Islamic background to the voyages of discovery", en KHADRA JAYYUSI, SALMA (ed.). *The Legacy of Muslim Spain*, Leiden, Brill, 1992, p. 289 [273-304]. La traducción de la frase de Hamdani es nuestra.

de los Descubrimientos, a través del estudio de los instrumentos náuticos que menciona Alonso de Chaves en su *Quatri partitu en cosmographia pratica i por otro nombre llamado Espejo de navegantes*, instrumentos, como veremos, de clara procedencia árabe.

La elección del texto de Alonso de Chaves como base de la presente monografía se debe a varias razones. En primer lugar, el *Quatri partitu* es el texto docente, como el propio autor indica en el título al llamarlo *Espejo de navegantes*, elaborado por Alonso de Chaves para sus clases en la Casa de la Contratación. Chaves, como veremos más adelante, había sido nombrado en 1528 piloto mayor y cosmógrafo, y era el encargado de examinar a los aspirantes a piloto mayor[97]. Por otro lado, el *Quatri partitu* constituye un texto que destaca por su coherencia. Su autor documentó, seleccionó, organizó y presentó una gran cantidad de información siguiendo un plan preciso orientado a la docencia teórica de los conocimientos necesarios para navegar hacia las Indias. Es, además, un texto temprano. Debió escribirse en torno a 1528[98].

---

[97] "Piloto y cosmógrafo e maestro de hacer cartas e astrolabios, e otras cosas para la navegación". El documento se conserva en el Archivo General de Indias (Sevilla), Contratación, 5784, L. 1, folio 48v (4 de abril de 1528). Disponible en pares.mcu.es.

[98] CASTAÑEDA DELGADO, PAULINO *et al. Alonso de Chaves. Quatri Partitu en Cosmographia pratica [ca. 1528]*, Madrid, Instituto de Historia y Cultura Naval, 1983, pp. 36-38. Cerezo Martínez la sitúa alrededor de 1528, *cf.* CEREZO MARTÍNEZ, RICARDO. "Los padrones reales del primer cuarto de siglo XVI", en ACOSTA RODRÍGUEZ, ANTONIO, GONZÁLEZ RODRÍGUEZ, ADOLFO y VILA VILAR, ENRIQUETA (coords.). *La casa de la Contratación y la Navegación entre España y Las Indias, Sevilla*, Universidad de Sevilla-CSIC-Fundación El Monte, 2004, p. 634. López Piñero señalaba que el *Quatri partitu* de Chaves es "el manual más antiguo destinado al marino y su instructor", *cf.* LÓPEZ PIÑERO, JOSÉ MARÍA. *Ciencia y técnica en la sociedad española de los siglos XVI y XVII*, Barcelona, Labor, 1979, p. 158. El texto no llegó a publicarse por razones de estado, ya que en el *Quatri partitu* se describían con detalle las costas de las Indias. *Cf.* GONZÁLEZ GONZÁLEZ, FRANCISCO JOSÉ. *Astronomía y navegación en España. Siglos XVI-XVII*, Madrid, Mapfre, 1992, p. 80.

Además, en el *Quatri partitu* se documenta valiosa información sobre los instrumentos náuticos que llegarían a América por primera vez.

Figura 8. Ilustración de las esferas celestes en el *Compendio de la Arte de Navegar* de Rodrigo Zamorano, Sevilla, 1581. Ejemplar de la Universidad de Salamanca (Sevilla, 1588) URI: http://hdl.handle.net/10366/83275. Accedido: 30/06/2024

LOS INSTRUMENTOS NECESARIOS A BORDO SEGÚN EL *QUATRI PARTITU* DE ALONSO DE CHAVES

> [...] basta a decir una subtileza tan grande que un hombre con un compás y unas rayas señaladas en una carta sepa rodear el mundo, y sepa de día y de noche a donde se ha de allegar, y de donde se ha de apartar, y quanto ha de andar a una parte y a otra, y que acierte a caminar por una cosa tan larga y espaciosa como es la mar.
>
> MEDINA, PEDRO DE. "Prohemio del autor sobre el arte de navegar, en el que se declara la excellencia grande dela navegación", en *Arte de navegar*, 1545

La Casa de la Contratación de las Indias Occidentales fue fundada por los Reyes Católicos en 1503 como una institución destinada a la gestión y control mercantil, fiscal y logístico del tráfico marítimo con las Indias, pero también como la institución encargada de instruir a los navegantes y de elaborar las nuevas cartas náuticas[99].

[99] "Establecimiento, ordenanzas y otros documentos relativos a la Casa de la Contratación de las Indias", en *Archivo General de Indias* (Sevilla), Patronato, 251, R.1, Real Provisión de 20 de enero de 1503. Disponible en www.pares.mcu.es.

En 1508, se creó la figura de piloto mayor, encargado de examinar a los pilotos, supervisar los instrumentos que debían ser usados en las travesías, trazar cartas náuticas y el Padrón Real. Pocos años después, en 1523, se creó el cargo de cosmógrafo mayor, encargado de la fabricación de las cartas de marear y los instrumentos náuticos. En 1552, se estableció la "Cátedra de cosmografía y arte de navegar" para la enseñanza de los pilotos[100].

Las funciones de los pilotos mayores están recogidas en las ordenanzas de la Casa de la Contratación[101]. También fueron objeto de distintas leyes, tal y como se recoge en las *Leyes de Indias*[102].

---

100 Véase PULIDO RUBIO, JOSÉ. *El Piloto Mayor. Pilotos Mayores, Catedráticos de Cosmografía y Cosmógrafos de la Casa de Contratación de Sevilla*, Sevilla, Escuela de Estudios Hispano-Americanos, 1950; LAMB, URSULA. *Cosmographers and Pilots of the Spanish Maritime Empire*, Aldershot, Variorum, 1995; y SÁNCHEZ MARTÍNEZ, ANTONIO. "Los artífices del Plus Ultra: Pilotos, cartógrafos y cosmógrafos en la Casa de la Contratación de Sevilla durante el siglo XVI", en *Hispania. Revista Española de Historia*, vol. 70, nº 236, 2010, pp. 607-632.

101 LYRA, FRANCISCO DE. *Ordenanzas Reales para la Casa de la Contratación de Sevilla y para otras cosas de Indias, y de la navegación y contratación de ellas*, Sevilla, 1647; y VEITIA Y LINAGE, JOSÉ DE. *Norte de la Contratación de las Indias Occidentales*, Sevilla, 1672.

102 Véase "Libro cuarto. De los Descubrimientos", en *Recopilación de las Leyes de los Reinos de las Indias mandadas a imprimir y publicar por la magestad católica del rey Don Carlos II nuestro señor. Va divida en cuatro tomos, con el índice general, y al principio de cada tomo el especial de los títulos que contiene*, Madrid, Boix, Editor, Impresor y Librero, 1841.

Pilotos mayores de la Casa de la Contratación
Américo Vespucio (1508-1512)
Juan Díaz de Solís (1512-1516)
Sebastián Caboto (1518-1548)
Alonso de Chaves (1552-1586)
Rodrigo Zamorano (1586-1596)
Andrés García de Céspedes (1596-1598)
Rodrigo Zamorano (1598-1620)

Cosmógrafos de la Casa de la Contratación
Jerónimo de Chaves (1553-1568)
Sancho Gutiérrez (1569-1574)
Diego Ruiz (1574)
Rodrigo Zamorano (1575-1613)

Encargados de la fabricación de cartas e instrumentos
Diego Ribeiro (nombrado en 1523)
Alonso de Chaves (1528)
Diego Gutiérrez (1534)
Pedro Mexía (1537)
Alonso de Santa Cruz (1537)
Sancho Gutiérrez (1553)
Diego Gutiérrez (hijo) (1554)
Diego Ruiz (1574)
Rodrigo Zamorano (1579)
Domingo Villarroel (1586)
Gerónimo Martín de Pradillo(1598)

La actividad derivada de la discusión científica y la preparación teórica de los navegantes que albergaba la Casa propició que se escribieran numerosos tratados de navegación en castellano. Estos textos tenían como objetivo la profesionalización de las actividades relacionadas con la navegación y conocen su máximo apogeo a mediados del siglo XVI con la impresión de dos obras fundamentales: el *Arte de navegar* de Pedro de Medina y el *Breve compendio de la sphera y de la arte de navegar* de Martín Cortés de Albacar[103].

Los tratados de navegación españoles del siglo XVI contienen abundante información sobre navegación, geografía, astronomía y cosmografía. Tratan de cosmografía y describen el mundo, el mar, los vientos y sus nombres. Explican cómo se navega con un viento u otro, se ocupan de describir las fases de la luna y su significado para navegación, la posición del Sol, la latitud de diversas ciudades, del cálculo de la latitud a partir de la altura del sol y de la estrella polar.

Estos textos incluyen, además, la enumeración y descripción de instrumentos como el astrolabio, el cuadrante, la ballestilla, la sonda, la ampolleta, la aguja de marear, el reloj del Norte. Explican cómo hacer una carta de marear, cómo localizar un punto determinado en la carta, cómo convertir grados en distancias, así como diversas explicaciones sobre orientación y distancias recorridas, cálculo de la longitud, enumeración y descripción de tipos de barcos y su construcción. Se incluye asimismo la descripción de las obligaciones de los pilotos, de la vida en el mar y sus peligros, los accidentes de la costa, los derroteros de los puertos y costas atlánticas de Europa desde el estrecho de Gibraltar.

En el siglo XVI, un buen número de tratados de náutica salen de la imprenta. Todos ellos siguen, en general, el mismo esquema expositivo[104]. El *Quatri partitu en cosmografía práctica i por otro nombre Espejo de navegantes* de

---

[103] Los frontispicios de estas dos obras se han reproducido en el anexo con el que concluimos este libro.

[104] Véase la compilación de textos de GONZÁLEZ-ALLER HIERRO, JOSÉ IGNACIO. *Obras clásicas de náutica y navegación*, Madrid, Fundación Histórica Tavera, 1998 y nuestro anexo 1.

Alonso de Chaves (*ca.* 1528) permaneció manuscrito y nunca llegó a imprimirse.

García Macho afirma que los textos de Alonso de Chaves, Cortés, Escalante y García de Palacio son los más ricos en cuanto al léxico náutico mientras que Enciso y Poza, así como Chaves también, son más ricos en topónimos, hidrónimos, nombres de las costas, puertos, orónimos, etc.[105].

Estos textos, especialmente protegidos por razones de estado, finalmente se internacionalizaron. Tal fue el caso del *Arte de navegar* de Pedro Medina, obra especialmente popular entre los navegantes franceses, de la que se hicieron traducciones al francés, además de al holandés, italiano e inglés. El tratado de Martín Cortés fue, en cambio, especialmente apreciado por marinos ingleses.

La publicación del *Regimiento de navegación* de Andrés García de Céspedes (Madrid, 1606) supone el último de los tratados de navegación relacionados con la Casa de la Contratación de Sevilla. El *Reparo a errores de la navegación española* de Pedro Porter y Casanate (1634) fue el primer texto que se publica evidenciando explícitamente el cúmulo de diferencias que desde décadas antes existía entre los cosmógrafos y los pilotos sobre la relevancia de los conocimientos que dominaban unos y otros. En 1717, la Casa de la Contratación se traslada a Cádiz y en 1790 sería suprimida[106].

---

[105] Véase García Macho, Lourdes. "El vocabulario marítimo y las expresiones relacionadas con el mar en algunos textos del XV al XVI", en *Cuadernos del Cemyr*, nº 15, 2007, pp. 109-128; y Carpi, Elena. *El léxico del Cuatripartitu en cosmographía práctica de Alonso de Chaves*, Madrid, UNED, 2001.

[106] Sobre los aspectos administrativos y de funcionamiento de la Casa de la Contratación, véase Ladero Quesada, Miguel Ángel. *El primer oro de América: los comienzos de la Casa de la Contratación de las Yndias (1503-1511)*, Madrid, Real Academia de la Historia, 2002.

Figura 9. Página del libro *Arte de nauegar en que se contienen todas las reglas, declaraciones, secretos y auisos q[ue] a la buena nauegacio[n] son necessarios, y se deue[n] saber* de Pedro de Medina, Valladolid, 1545 donde se ilustra el uso de la ballestilla. Fuente: Biblioteca Digital Hispánica (BNE)

Alonso de Chaves[107], hijo de García de Chaves y Beatriz Trujillo, nació probablemente en Sevilla en torno al año 1492. Casó con Juana Ramos, hija de Pedro y Teresa en 1526. Su esposa declaró que Alonso, al contraer matrimonio, poseía ciertos bienes e "instrumentos de su oficio", valorándose sus posesiones en 400 ducados.

107 *Cf*. "Alonso de Chaves", biografía en *Historia Hispánica* de la Real Academia de la Historia, 2022, online: https://historia-hispanica.rah.es/biografias/11133-alonso-de-chaves, biografía publicada antes en: Cuesta Domingo, Mariano. "Alonso de Chaves", en Real Academia de la Historia. *Diccionario Biográfico electrónico*, 2018, online: https://dbe.rah.es/biografias/19188/alonso-de-chaves. Véase también Castañeda Delgado, Paulino *et al.* "Estudio preliminar", en Chaves, Alonso de. *Quatri Partitu en Cosmographia pratica,* Madrid, Instituto de Historia y Cultura Naval, 1983, pp. 15-62.

Mediante la Real Cédula de 26 de junio de 1526[108], Hernando Colón recibió la orden de

> hacer una carta de navegar, un mapamundi y una sphera en la cual se sitúen todas las yslas y tierra firme y nuevas islas que ya estuvieren descubiertas o que se descubrieren de aquí adelante.

Hernando solicitaría la colaboración de Chaves en esta empresa en la que participaba, junto con otros expertos, el cosmógrafo y cartógrafo de origen portugués Diego Ribero[109], mencionado en la citada Real Cédula como "nuestro piloto y maestro de hacer cartas de navegar". Hernando de Colón presentó la carta náutica de Alonso de Chaves en la corte[110], lo que dio lugar a su nombramiento como "piloto y cosmógrafo e maestro de hacer cartas e astrolabios, e otras cosas para la navegación"[111].

---

[108] Real Cédula de 26 de junio de 1526. Documentos relacionados en AGI, Indiferente General 421, Col XI, f. 234r y vol. XII, f. 207v; AGI, I.G. 421, leg. 12, fol. 40; AGI, I.G. 1961, leg. 3, fol. 276.

[109] Fallecido en Sevilla el 16 de agosto de 1533. Véase la biografía de Mariano Cuesta Domingo en el *Diccionario Biográfico electrónico* de la Real Academia de la Historia (https://dbe.rah.es/biografias/4194/diego-ribero).

[110] CEREZO MARTÍNEZ, RICARDO. "Los padrones reales del primer cuarto de siglo XVI", en ACOSTA RODRÍGUEZ, ANTONIO *et al.* (coords.). *La casa de la Contratación y la Navegación entre España y Las Indias*, Sevilla, Universidad de Sevilla-CSIC-Fundación El Monte, 2004, p. 633 [605-637]. Esta carta no ha llegado a nuestros días y se ha especulado con su autoría. Véase CASTAÑEDA DELGADO, PAULINO *et al.* "Estudio preliminar", en CHAVES, ALONSO DE. *Quatri Partitu en Cosmographia pratica* [*ca.* 1528], Madrid, Instituto de Historia y Cultura Naval, 1983, pp. 16-20 [15-62].

[111] Real Cédula fechada en Madrid el 4 de abril de 1528, Archivo General de Indias (Sevilla), Indiferente, 421, L. 13, f. 82r (2). Fecha del documento: 4 de abril de 1528. Disponible en www.pares.mcu.es.

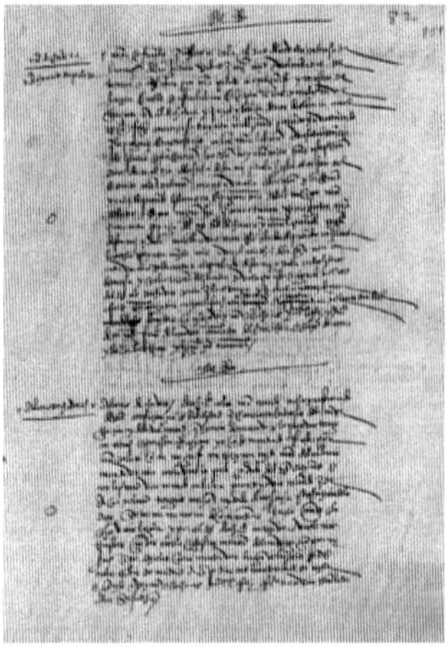

Figura 10. Real Cédula nombrando a Alonso de Chaves piloto y cosmógrafo de la Casa de la Contratación. Archivo General de Indias (Sevilla), Indiferente, 421, L. 13, f. 82r (2). Disponible en www.pares.mcu.es

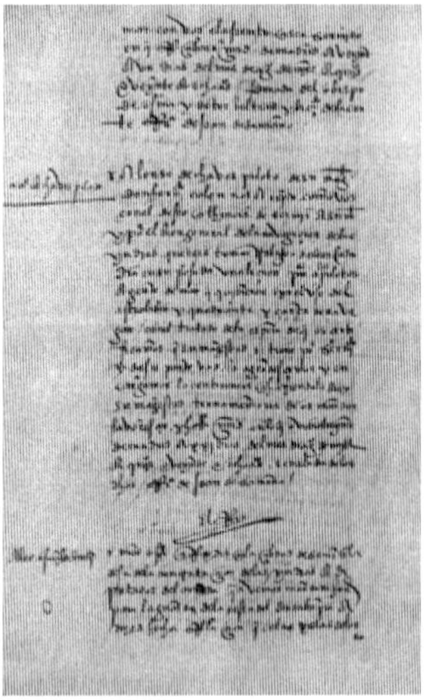

Figura 11. Carta del Consejo de Indias agradeciendo, en nombre de Su Majestad, a Alonso de Chaves, piloto, por encargarse de enseñar a los pilotos el uso del astrolabio y cuadrante y cara de navegación, según relación de Hernando de Colón, y se le pide que así continúe. Archivo General de Indias (Sevilla), Indiferente, 421, L. 13, f. 295v. Disponible en www.pares.mcu.es

A cargo de Alonso de Chaves estuvo también el examen de formación de los navegantes, tarea que correspondía al piloto mayor Sebastián Caboto, nombrado desde 1518. Tras su reincorporación en 1532, Caboto pasó a ocuparse de los exámenes. Tras el nombramiento como cosmógrafo oficial de Diego Gutiérrez, que llevaba años realizando cartas e instrumentos para la Casa, se crea una crisis interna provocada por la existencia de dos planteamientos totalmente opuestos. Por un lado, Caboto y Diego Gutiérrez defendían que el navegante solo necesitaba un conocimiento eminentemente práctico y, por otro lado, Alonso de Chaves, Pedro Mejía y, más tarde, Pedro Medina, quienes entendían que un navegante debía formarse sobre todo a partir de un conocimiento teórico del arte de navegar. Tal desacuerdo tuvo su repercusión en la formación del tribunal de examen, ya que hasta 1539 solo formaban parte de él los pilotos prácticos. A partir de ese año los cosmógrafos de la Casa formarían parte de este tribunal.

En 1545 el rey solicitó un informe a todos los estudiosos de la institución sobre las cartas e instrumentos presentados por Diego Gutiérrez, a raíz del juicio que de ellos había hecho Pedro de Medina, afirmando que éstos eran erróneos. Alonso de Chaves dictaminó que contenían errores, reforzando con ello la opinión de Medina y, por lo tanto, la defendida por los teóricos de la Casa[112]. No solo las cartas contenían errores a juicio de Alonso de Chaves, sino que también opinaba que los instrumentos no eran los más acertados. Chaves sugirió que las cartas de navegar y los instrumentos fueran revisados por los cosmógrafos, así como la docencia de materias como

---

[112] CASTAÑEDA DELGADO, PAULINO *et al.* "Estudio preliminar", en CHAVES, ALONSO DE. *Quatri Partitu en Cosmographia pratica,* Madrid, Instituto de Historia y Cultura Naval, 1983, p. 26 [15-62].

la astrología, la cosmografía y la cartografía[113]. Finalmente, en 1548, Sebastián Caboto abandonaría Sevilla para pasar unos meses en Inglaterra, pero nunca regresó. Con su ausencia, Alonso de Chaves logró que los teóricos se impusieran a los prácticos.

El 11 de julio de 1552, mediante cédula dada en Monzón, Alonso de Chaves fue nombrado piloto mayor, ocupando la cátedra que había quedado vacante en la Casa de la Contratación de Sevilla por el traslado de Sebastián Caboto a Inglaterra. Desempeñó la cátedra durante un tiempo que no se conoce con exactitud, pues su hijo Jerónimo Chaves fue nombrado catedrático en propiedad de la plaza de Caboto el 4 de diciembre de 1552[114].

Con el reconocimiento de Alonso de Chaves como catedrático se reconoció una forma distinta de organizar la enseñanza del arte de navegar en Sevilla, otorgándose más importancia a los contenidos teóricos sobre cartografía e instrumentos que a las nociones de la práctica de los navegantes.

En palabras de Alonso de Chaves:

> De mi parecer, del salario del piloto mayor se podría fundar una cátedra [en la] que se diesen dos licciones una de ciencia y otra

---

[113] Pulido Rubio, José. *El Piloto Mayor. Pilotos Mayores, Catedráticos de Cosmografía y Cosmógrafos de la Casa de Contratación de Sevilla*, Sevilla, Escuela de Estudios Hispano-Americanos, 1950, pp. 498-503 y 528-531; Castañeda Delgado, Paulino *et al.* "Estudio preliminar", en Chaves, Alonso de. *Quatri Partitu en Cosmographia pratica,* Madrid, Instituto de Historia y Cultura Naval, 1983, p. 27 [15-62].

[114] Picatoste y Rodríguez, Felipe. *Apuntes para una biblioteca científica española del siglo XVI. Estudios biográficos y bibliográficos de ciencias exactas físicas y naturales y sus inmediatas aplicaciones en dicho siglo*, Madrid, Imprenta y Fundición de Manuel Tello, 1891, p. 71.

> de instrumentos y del arte de navegar porque es grandisima la falta la que en este pueblo hay desto[115].

El 13 de julio de 1557 se dispuso gratificar a Alonso de Chaves con 20.000 maravedíes por esta nueva cátedra. En mayo de 1569 se nombró al cosmógrafo Sancho Gutiérrez para ocupar de manera provisional la cátedra, que no se dio en propiedad hasta el 11 de mayo de 1573. En 1575, después de cuarenta y siete años como cosmógrafo y veintitrés como piloto mayor, Alonso de Chaves solicita la jubilación alegando que se encuentra ya viejo y enfermo, pero no se autorizaría hasta 1586. Falleció el 28 de agosto de 1587.

Los nuevos pilotos debían aprender contenidos de navegación, astronomía y cartografía, materias necesarias para un correcto desempeño de sus labores[116]. La organización de la enseñanza náutica en la Casa de la Contratación de Sevilla sirvió de modelo en Europa[117], pero un siglo después todo

---

[115] CASTAÑEDA DELGADO, PAULINO *et al.* "Estudio preliminar", en CHAVES, ALONSO DE. *Quatri Partitu en Cosmographia pratica*, Madrid, Instituto de Historia y Cultura Naval, 1983, p. 27 [15-62]. En el Archivo de Simancas se conserva la *Relación de la orden que se observaba en el examen y admisión de pilotos y maestres de la carrera de Indias* de Alonso de Chaves, del año 1561 [Simancas, legajo 1º de *Cartas de Sevilla, Cádiz y otros puertos*]. Véase PICATOSTE Y RODRÍGUEZ, FELIPE. *Apuntes para una biblioteca científica española del siglo XVI. Estudios biográficos y bibliográficos de ciencias exactas físicas y naturales y sus inmediatas aplicaciones en dicho siglo*, Madrid, Imprenta y Fundición de Manuel Tello, nº 197, 1891, p. 73.

[116] LÓPEZ PIÑERO, JOSÉ MARÍA. *Ciencia y técnica en la sociedad española de los siglos XVI y XVII*, Barcelona, Labor, 1979.

[117] En 1582, Richard Hakluyt (m. 1616) recomendó en sus célebres *Voyages* la creación en su país de un centro docente para navegantes semejante al sevillano. Describió el sistema de clases y exámenes, elogiando a Alonso y Jerónimo de Chaves, así como a Medina, "que escriben con erudición sobre el arte de navegar" (*which write learnedly of the art of navigation*). Véase HAKLUYT, RICHARD. *Divers Voyages Touching the Discoverie of America and the Islands Adjacent unto the Same, Made First of All by Our Englishmen and Afterwards by the Frenchmen and*

ello parece haber caído en declive, si atendemos al testimonio del licenciado Francisco Ruesta, Piloto mayor de mediados del siglo XVII, quien se lamentaba de que en su tiempo solo se exigiese a los pilotos saber leer el regimiento de navegación y firmar sus nombres, estando desiertas las cátedras que existían en la Casa[118].

La obra más importante de Alonso de Chaves fue el *Quatri partitu en cosmographia pratica i por otro nombre llamado Espejo de navegantes*[119]. Es un manuscrito único que procede de la Colección Biblioteca de Cortes y que se conserva en la Real Academia de la Historia (Madrid, España)[120].

La descripción del objeto en el *Catálogo general de manuscritos de la Real Academia de la Historia (1910-1912)* es la siguiente:

> Marina.- Dos legajos 4°. Ms. siglo xviii con noticias de armadas y de marinos ¿Es Enríquez su autor? Siglos XV-XVII-XVIII. 9-18-3- 43 y 44 (9-3923 y 3924). V.: Ciencias Exactas y físicas

---

Britons: With Two Mappes Annexed Hereunto [1582], ed., intro. y notas de John Winter Jones, Londres, The Hakluyt Society, 1850, p. 14.

[118] Picatoste y Rodríguez, Felipe. *Apuntes para una biblioteca científica española del siglo XVI. Estudios biográficos y bibliográficos de ciencias exactas físicas y naturales y sus inmediatas aplicaciones en dicho siglo*, Madrid, Imprenta y fundición de Manuel Tello, 1891, p. 73.

[119] El título completo que se muestra en su portada es: *Quatri partitu en cosmographia pratica i por otro no[m]bre llamado Espeio de Navegantes: obra mui vtilissima i co[m]pendiosa en toda la arte de marear i mui neccesaria i de grand provecho en todo el curso de la navegacio[n] principalmente de España Agora nueua mente ordenada y compuesta por Alonso de Chaues cosmographo dela Magestad Cesarea del emperador y Rei delas Españas Carlo [sic] quinto Semper Augusto*. Está digitalizado y disponible en línea en Biblioteca Digital Real Academia de la Historia: https://bibliotecadigital.rah.es/es/consulta/registro.do?id=29140.

[120] Signatura: 9/2791. Signatura anterior: *Olim*: 9-13-6-679 *Olim*: Est. 13 gr. 6ª nº 679. Pergamino. Restaurado. Ex-libris ms. "del Collegio de la Compª de Jesus de Monforte. *Ad usum Bibliotecae*". *Cf. Biblioteca Digital Real Academia de la Historia*: https://bibliotecadigital.rah.es/es/consulta/registro.do?id=29140.

(Papeletas generales), Cosmografia práctica o Espejo de navegantes por Alonso de Chaves, un volumen en folio, encuad. en pergamino. Siglo XVII. Con derroteros de América. Ms. 9-13-6-679 (9-2791)[121].

El *Quatri partitu* de Alonso de Chaves permaneció oculto, no fue publicado hasta finales del siglo XIX. La edición de Cesáreo Fernández Duro[122] se publicó por partes en la *Revista de Navegación y Comercio* entre 1894 y 1895[123]. En 1977, Paulino Castañeda Delgado[124], Mariano Cuesta Domingo[125] y Pilar Hernández Aparicio[126] publicaron un estudio sobre el

---

[121] RODRÍGUEZ VILLA, ANTONIO. *Catálogo general de manuscritos de la Real Academia de la Historia (1910-1912)*, ed. de Juan Manuel Abascal, 2005. Disponible en línea.

[122] Nacido en 1830 y fallecido en 1908. Capitán de navío de la Armada Española, historiador y geógrafo. Correspondiente (27 de noviembre de 1869) y miembro de número de la Real Academia de la Historia (12 de marzo de 1880), entre otros cargos y distinciones. Véase O'DONNELL Y DUQUE DE ESTRADA, HUGO, duque de Tetuán. "Cesáreo Fernández Duro", en REAL ACADEMIA DE LA HISTORIA. *Diccionario Biográfico electrónico* (en red, https://dbe.rah.es/biografias/9436/cesareo-fernandez-duro).

[123] FERNÁNDEZ DURO, CESÁREO. "De algunas obras desconocidas de cosmografía y navegación y singularmente de la que escribió Alfonso [sic] de Chaves a principios del siglo XVI", en *Revista de navegación y comercio*, nº 144, 1894-1895, pp. 473-478; nº 145, pp. 473-476; nº 146, pp. 511-514; nº 147, pp. 529-532; nº 148, pp. 547-550; nº 149, pp. 2-6; nº 150, pp. 45-52; nº 151, pp. 93-102; y nº 152, pp. 137-149.

[124] Nacido en 1927 y fallecido en 2007. Profesor en la Universidad de Sevilla desde 1975. Véase MARTÍN DE LA HOZ, JOSÉ CARLOS. "Paulino Castañeda Delgado (1927-2007) *in memoriam*", en *Anuario de Historia de la Iglesia*, nº 17, 2008, pp. 435-437.

[125] Catedrático Emérito en la Universidad Complutense de Madrid, anteriormente catedrático de Historia de América.

[126] Nacida en 1944 y fallecida en 2014. Investigadora, historiadora, profesora, bibliotecaria española. Doctora en Filosofía y Letras por la Universidad Complutense de Madrid en 1975, su tesis fue dirigida por Paulino Castañeda Delgado. En la Biblioteca Nacional ocupó el cargo de Jefe de Sección de Historia Contemporánea de 1986 a 1992 y de Manuscritos, donde se jubiló. También fue secretaria del Patronato de la Biblioteca Nacional. Véase biografía en PARES https://pares.mcu.es/ParesBusquedas20/catalogo/autoridad/232769.

derrotero incluido por Alonso de Chaves en el *Quatri partitu*[127] y, en 1983, el Instituto de Historia y Cultura Naval de Madrid publicó la edición del *Quatri partitu* realizada por Castañeda Delgado, Cuesta Domingo y Hernández Aparicio.

En su cargo como piloto mayor, Alonso de Chaves elaboró textos y cartas náuticas. Sabemos que escribió, al menos, dos tratados: la *Relación de la orden que observaba en el examen y admisión de pilotos y maestres de Indias en Sevilla* (1561)[128] y el *Quatri partitu en cosmographia practica, i por otro nombre Espejo de navegantes*, cuya fecha de redacción se desconoce[129]. En cambio, no se conserva ninguna de sus cartas náuticas[130]. No obstante, en la cuarta parte del *Espejo de Navegantes* se incluye un derrotero de las costas americanas descubiertas. También se tiene noticia de su participación en la elaboración del Padrón Real[131], con

---

[127] Alonso de Chaves y el libro IV de su "Espejo de Navegantes", Madrid, Editorial Síntesis, 1977.

[128] Según Fernández de Navarrete, el documento estaba en el Archivo General de Simancas, Cartas de Sevilla, Cádiz y otros puertos, leg. 1º. Véase FERNÁNDEZ DE NAVARRETE, MARTÍN. *Biblioteca marítima española*, Madrid, Imprenta de la Viuda de Calero, 1851, pp. 16-17, donde se puede leer un resumen de su contenido.

[129] Edición de CASTAÑEDA DELGADO, PAULINO *et al.* 1983, pp. 36-38. Cerezo Martínez la sitúa alrededor de 1528, véase CEREZO MARTÍNEZ, RICARDO. "Los padrones reales del primer cuarto de siglo XVI", en ACOSTA RODRÍGUEZ, ANTONIO, GONZÁLEZ RODRÍGUEZ, ADOLFO y VILA VILAR, ENRIQUETA (coords.). *La casa de la Contratación y la Navegación entre España y Las Indias*, Sevilla, Universidad de Sevilla-CSIC-Fundación El Monte, 2004, p. 634 [605-637]. LÓPEZ PIÑERO, JOSÉ MARÍA. *Ciencia y técnica en la sociedad española de los siglos XVI y XVII*, Barcelona, Labor, 1979, p. 158, señala que esta obra es "el manual más antiguo destinado al marino y su instructor". Este texto no llegó a publicarse por razones de estado ya que en el *Quatri partitu* se describían con detalle las costas de las Indias. Véase GONZÁLEZ GONZÁLEZ, FRANCISCO JOSÉ. *Astronomía y navegación en España. Siglos XVI-XVII*, Madrid, Mapfre 1992, p. 80.

[130] Quizás por el material utilizado y por su uso, las cartas náuticas no se han conservado. Véase LÓPEZ PIÑERO, JOSÉ MARÍA. *Ciencia y técnica en la sociedad española de los siglos XVI y XVII*, Barcelona, Labor, 1979, p. 226.

[131] El Padrón Real era el mapa oficial y secreto español usado como base para hacer todos los mapas que se usaban a bordo de los barcos que navegaban

la realización de un mapa en 1536, que había sido encargado por la Casa de la Contratación a Hernando Colón[132]. Esta carta náutica tuvo que ser muy conocida, pues Fernández de Oviedo escribe en su obra *Historia general y natural de las Indias* que la tuvo en su mano y se basó en ella[133]. Describe con detalle algunas zonas de los nuevos territorios pertenecientes a esta carta náutica por lo que, al menos, se conserva una representación de la misma.

Tal y como se expresa en su título, el *Quatri partitu* está dividido en cuatro partes que Chaves denomina *libros*. Cada libro está dividido en tratados y cada tratado en capítulos[134]:

1. *Libro primero*. Se compone de dos tratados:
   - Tratado primero: cuatro capítulos sobre el calendario y las fiestas cristianas. Trata del calendario romano, del cálculo del número áureo, de la letra dominical y de la regulación del calendario de fiestas.

---

hacia las Indias en el siglo XVI. El *Quatri partitu* de Alonso de Chaves contiene el texto más antiguo conocido del Padrón Real. Véase LAMB, URSULA. "The *Quarti* [sic] *Partitu en Cosmographia* by Alonso de Chaves: an interpretation", en *Revista da Universidade de Coimbra*, nº 24, 1969, p. 4 [1-9].

132 Edición de CASTAÑEDA DELGADO, PAULINO *et al.* 1983, p. 21.

133 FERNÁNDEZ DE OVIEDO Y VALDÉS, GONZALO. *Historia general y natural de las Indias, islas y tierra firme del mar océano*, ed. de José Amador de los Ríos, Madrid, Imprenta de la Real Academia de la Historia, t. II, 1851-1855, p. 339.

134 La traducción al inglés del índice está publicada en AGUIAR AGUILAR, MARAVILLAS. "*Quatri partitu en cosmographia pratica i por otro nombre llamado Espejo de navegantes* by Alonso de Chaves: a navigation manual for the instruction of Spanish pilots in the sixteenth century", en AGIUS, DIONISIUS A. *et al.* (eds.). *Ships, Saints and Sealore: Cultural Heritage and Ethnography of the Mediterranean and the Red Sea*, Oxford, Archaeopress, 2014, pp. 54-59 [41-59].

- Tratado segundo: consta de nueve capítulos[135] sobre la construcción y el uso de instrumentos como la aguja de marear, la carta de marear, el astrolabio marítimo, el cuadrante, el báculo astronómico o ballestilla, la sonda, la ampolleta o reloj de arena y la escala altimétrica. El noveno capítulo está dedicado a las medidas de longitud. En este capítulo Chaves menciona el *grano de cevada*[136], el *dedo*[137], la *uncia*[138], el *palmo*[139], la *dicha*[140], la *spithama*[141], el *pie*[142], el *sexquipie*[143],

135 Chaves dice que son diez, pero solo desarrolla nueve.

136 Equivale a la cuarta parte de un dedo. Véase DICTER 2.0 https://dicter.usal.es/lema/grano&acepcion=.

137 Duodécima parte del palmo, que equivale a unos 18 mm. DEL. Véase DICTER 2.0 https://dicter.usal.es/lema/dedo&acepcion=.

138 Equivale a tres dedos. Véase DICTER 2.0 https://dicter.usal.es/ lema/uncia.

139 Equivale a cuatro dedos o dieciséis granos de "cevada". Véase DICTER 2.0 https://dicter.usal.es/lema/palmo&acepcion=.

140 Medida griega que equivale a dos palmos menores. διχάς, άδος "mitad, medio", latinizado *dica* o *dicha*. Véase DICTER 2.0 https://dicter.usal.es/lema/dica.

141 También "espitama". Del lat. *spithama, -ae* y este a su vez del griego σπιθαμή. Palmo mayor o *dodrans*, por oposición a palmo menor (*palaestes* o *doron*). Véase DICTER 2.0 https://dicter.usal.es/lema/espitama.

142 Medida de longitud que en Castilla equivale a la tercera parte de la vara y contiene cuatro palmos o 16 dedos. Véase DICTER 2.0 https://dicter.usal.es/lema/pie.

143 No aparece en DICTER 2.0.

los *grados*[144] o *gresos*[145], los *pasus simplex*[146], los *pasos geométricos*[147], los *codos que llaman ulna*[148], la *ulna agreste*[149], la *pértica o soga*[150], el *estadio*[151], la *milla*[152] y la *legua*[153].

2. *Libro segundo*. Se exponen definiciones acerca del saber cosmográfico del siglo XVI basándose en la astronomía ptolemaica y la física de Aristóteles[154]. En la quinta parte de este *Libro segundo*, Chaves ofrece abundante información sobre meteorología.

---

[144] Véase DICTER 2.0 https://dicter.usal.es/lema/grado.

[145] No aparece registrado en DICTER 2.0.

[146] Medida de longitud que equivale a la mitad de un paso geométrico. Véase DICTER 2.0 https://dicter.usal.es/lema/paso&acepcion=3.

[147] Medida de longitud de 5 pies que equivalía a 1,393 m. Véase DICTER 2.0 https://dicter.usal.es/lema/paso&acepcion=3.

[148] Ulna, del lat. *ulna*, *-ae* "brazo, codo", es una medida de longitud equivalente aproximadamente a un metro. Véase DICTER 2.0 https://dicter.usal.es/lema/ulna.

[149] Medida de longitud que contiene seis pies. Sinónimo de "ulna agreste" es "ana agreste". Véase DICTER 2.0 https://dicter.usal.es/lema/ulna y https://dicter.usal.es/lema/ana.

[150] Medida agraria de longitud que consta de dos pasos o diez pies geométricos y equivale aproximadamente a 2,70 m. Véase DICTER 2.0 https://dicter.usal.es/lema/p%C3%A9rtica. DICTER 2.0 no recoge "soga" como sinónimo de "pértica".

[151] Del lat. *stădĭum* y este del gr. στάδιον "cierta medida itineraria", "estadio (que debía tener la longitud de un estadio)". Distancia o longitud de 125 pasos geométricos. Véase DICTER 2.0 https://dicter.usal.es/lema/estadio.

[152] Del lat. *mīlĭa passuum* "miles de pasos", "millas". Medida itineraria de mil pasos u ocho estadios. Véase DICTER 2.0 https://dicter.usal.es/lema/milla.

[153] Medida itineraria, variable según los países, equivalente a 3 millas, es decir, unos 5.572,7 metros. Véase DICTER 2.0 https://dicter.usal.es/lema/legua. Además de la legua común, Chaves menciona la legua de España, la legua de Italia (medida itineraria de mil pasos u ocho estadios) y la legua de Suevia (medida itineraria equivalente a cinco millas).

[154] Edición de CASTAÑEDA DELGADO, PAULINO *et al.* 1983, pp. 46-48.

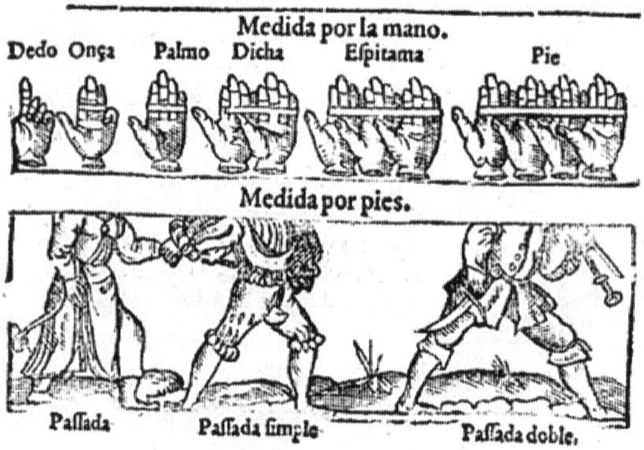

Figura 12. Unidades metrológicas en *La cosmographia* de Pedro Apiano. Fuente: Ejemplar de la Biblioteca General de la Universidad de Salamanca de *La cosmographia de Pedro Apiano corregida y añadida por Gemma Frisio,* Anvers, Juan Bellero, 1575, trad. anónimo. URI: https://hdl.handle.net/10366/83120 (Accedido: 20/01/2024)

El *Libro segundo* contiene cinco tratados, de los cuales Chaves solo escribió el primero y el quinto.

- Tratado primero: nueve capítulos (Chaves solo escribió los cuatro primeros capítulos).
- Tratado segundo: falta, pero se enuncia su título. "El segundo tratado del segundo libro trata y declara los verdaderos tiempos y partes del cielo en que acontecerán todas las conjunciones, posiciones y cuadraturas del sol y de la luna que sucederán desde el principio del año de 1539 hasta el fin del año 1569, con sus tablas y números igualadas al meridiano de Sevilla".
- Tratado tercero: falta, pero se enuncia su título. "El tratado tercero de este segundo libro trata y declara los verdaderos

tiempos y partes del cielo en que acontecerán todos los eclipses que sucederán desde el principio del año 1539 hasta el fin del año 1569, con sus tablas y número igualadas al meridiano de Sevilla".

• Tratado cuarto: falta, pero se enuncia su título. "El tratado cuarto de este segundo libro trata y declara la verdadera división de los climas y paralelos y de la cantidad de sus mayores días y noches artificiales. Trata, asimismo, el canon y tabla general para saber la proporción que tiene el grado de longitud en cada paralelo al grado de la equinocial [sic]".

• Tratado quinto: "El tratado quinto y último del segundo libro declara y trata de muchas y diversas señales naturales visibles y aparentes, así en los cuerpos terrestres como celestes y acuáticos, para conocer la mudanza de los tiempos".

3. *Libro tercero*, donde expone información básica, así como distintas cuestiones náuticas[155] como las mareas[156], los naufragios, el léxico relativo a los barcos y sus partes, a los marineros, los oficiales y sus obligaciones a bordo, los salarios, las armas de fuego y el combate naval.

4. *Libro cuarto* y último. Es un derrotero en el que Alonso de Chaves se ocupa de todo lo tocante a las navegaciones para ir y venir y navegar en todas partes de las Indias, islas y tierra firme del Mar Océano[157].

---

[155] Edición de CASTAÑEDA DELGADO, PAULINO *et al.* 1983, pp. 49-55.

[156] La descripción del instrumento que propone Alonso de Chaves para determinar las mareas en cualquier latitud y momento (*instrumento general de mareas*) está descrito en esta parte. Véase un comentario preliminar en LAMB, URSULA. "The *Quarti* [sic] *Partitu en Cosmographia* by Alonso de Chaves: an interpretation", en *Revista da Universidade de Coimbra*, nº 24, 1969, p. 5 [1-9].

[157] Edición de CASTAÑEDA DELGADO, PAULINO *et al.* 1983, pp. 55-61.

> Describe cómo navegar hacia y desde las Indias e incluye una lista de localidades ordenadas alfabéticamente con sus alturas y leguas, su posición y la distancia y dirección al puerto más próximo. Se trata de la descripción de la carta realizada por Chaves en 1536. Esta parte apoya la hipótesis de la importancia del trabajo de Alonso de Chaves en el establecimiento de la base textual del Padrón Real[158].

Alonso de Chaves dedica el tratado segundo del primer libro del *Quatri partitu* a "todo lo tocante a los instrumentos necesarios a la navegación de España". Comienza con una breve introducción en la que explica que comenzó por las festividades y el santoral que "la santa madre iglesia nos pone y obliga a todo cristiano so pena de pecado" y que pasa a exponer lo

> necesario y conveniente lugar ante todas cosas para introducion y fundamento de toda la obra tractar y declarar todos los instrumentos necesarios en la navegación principalmente en nuestra España como quiera que sus gentes y armadas son las que tratan y pasean y sojusgan todo el ámbito y limites de las maritimas aguas[159],

instrumentos que formaban parte de los conocimientos que la Casa de la Contratación exigía a aquellos que realizaban el examen de piloto[160].

---

[158] Véase LAMB, URSULA. "The *Quarti* [sic] *Partitu en Cosmographia* by Alonso de Chaves: an interpretation", en *Revista da Universidade de Coimbra*, nº 24, 1969, p. 6 [1-9].

[159] Véase el texto editado en CASTAÑEDA DELGADO, PAULINO *et al.* 1983, pp. 77-146.

[160] En teoría, nadie podía navegar hacia las Indias sin la aprobación de la Casa. Se estima que unos 180 pilotos y 200 maestres hicieron la derrota de las Indias durante el siglo XVI. Véase NAVARRETE, FERNÁNDEZ DE. *Disertación sobre la historia de la náutica*, Madrid, Real Academia de la Historia, 1846, p. 368.

Chaves los clasifica enumerándolos de más necesarios a menos necesarios. De cada uno de ellos explica primero su construcción (*fábrica*), refiriéndose a continuación a cómo se utiliza (*uso*)[161]. Los instrumentos que menciona son el compás o aguja de marear, la carta náutica, el astrolabio, el cuadrante, la ballestilla, la sonda náutica, el reloj de arena y el altímetro.

Los enunciados de los capítulos del tratado segundo del primer libro del *Quatri partitu* son los siguientes:

> El primer capitulo tracta del aguja de marear y de su utilidad y provecho y qual sea su fabrica y uso y todas sus partes y la declaracion de sus vientos o rumbos y la division y posicion dellos.
> El segundo capitulo tracta dela carta del marear declarando que sea su provecho y fuerça en la navegación declarando sus partes principales y la description de la tierra en ella y la intelligencia y uso de la dicha carta.
> El tercero capitulo trata del astrolabio marítimo y de su utilidad y excellencia declarando así mismo qual sea su fabrica y uso.
> El quarto capitulo tracta del quadrante y de su perfection y fabrica y uso.
> El quinto capitulo trata del baculo astronomico que el común llaman ballestilla y de su fabrica y uso.
> El sexto capitulo trata del instrumento llamado sonda y de su provecho y fabrica y uso.
> El septimo capitlo tracta del horologio noturno y diurno general que llaman ampolletas y de su uso y provecho.

[161] Es decir, la misma disposición de contenidos de los tratados latinos y árabes sobre instrumentos astronómicos. Véase SEZGIN, FUAT. *Science et Technique en Islam, t. III: Géographie-Navigation-Horloges-Géométrie-Optique*, en colaboración con Eckhard Neubauer, trad. por Farid Benfeghoul, Frankfurt, Thala Editions, 2004.

El octavo capitulo trata del uso de la escala altímetra y de su provecho.
El noveno capitulo trata de las medidas terrestres segun cosmographia y geometria.

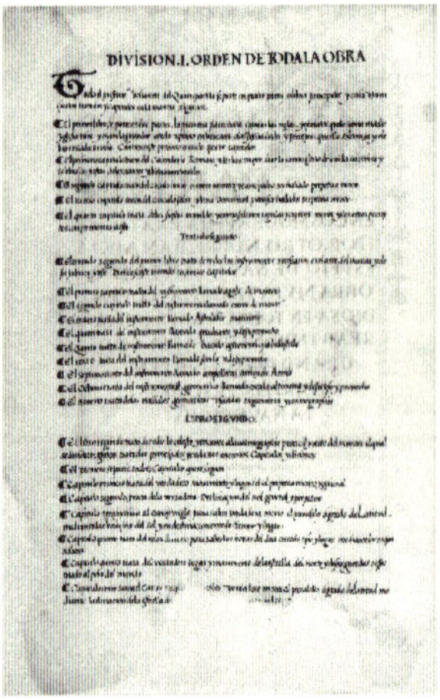
DIVISION.I.ORDEN DE TODA LA OBRA

Figura 13. Folio 1v del *Quatri partitu* de Alonso de Chaves

El compás o aguja de marear

Los primeros instrumentos náuticos que menciona Alonso de Chaves en su *Quatri partitu* son la brújula y la carta náutica, a los que considera los dos instrumentos imprescindibles para navegar. Además, indica que de ellos es la *aguja de marear* o *guía del marear*, nombre que le resulta más adecuado, el fundamental para el navegante[162].

En el Libro Primero del *Quatri partitu* Chaves incluye un extenso comentario acerca de cómo construir el instrumento, cómo imantar la aguja y cómo hacer el montaje en una caja de madera (*mortero*)[163]. Para fabricar una *aguja de marear* se colocaba un pivote (*estilete* o *mástil*)[164] perpendicularmente en el fondo de una caja. Sobre este pivote se

162 Chaves, Alonso de. *Libro Primero*, segundo capítulo.
163 El tecnicismo en lengua árabe es *ḥuqqa*, que significa "hueco; caja pequeña". La palabra brújula se expresa en árabe con el sintagma nominal *bayt al-ibra*, que significa literalmente "lugar de la aguja".
164 El tecnicismo en lengua árabe es *ibra*, que significa "aguja". Wehr señala en su diccionario el neologismo *ibra maġnāṭīsīya*, "aguja magnética", un sintagma que combina la palabra patrimonial *'ibra* (de la raíz *'br*) con el latinismo *maġnāṭis*, que a su vez procede del griego μαγνῆτις (piedra magnética,

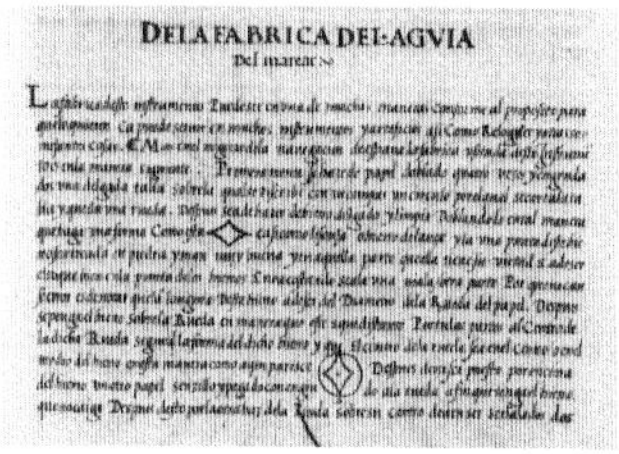
DE LA FABRICA DEL AGVIA
Del marear

Figura 14. Detalle del folio 12r del *Quatri partitu* de Alonso de Chaves

colocaba la aguja imantada (*aguja*) y se fijaba sobre ella la flor de lis de la rosa de los vientos[165]. Para permitir que el conjunto formado por la aguja y la rosa de los vientos pivotara, era necesario poner una pequeña pieza de forma cónica apoyada en el pivote. Este tipo de brújula es la brújula seca, cuya invención se atribuye al navegante italiano Flavio Gioia[166]. Después de explicar cómo fabricar la brújula, Chaves expone los detalles esenciales de su uso[167].

No se sabe con certeza, pero es posible que la brújula se conociera en el ámbito árabe islámico a finales del siglo XI. En las fuentes árabes, el compás magnético se describe primero como un instrumento náutico y tiempo más tarde como un instrumento que sirve para la localización de la *qibla* o bien como un accesorio que forma parte de algún instrumento astronómico[168].

μαγνῆτις λίθος), con morfema de adjetivo. El tecnicismo árabe *ibra maġnāṭīsīya* se traduce como aguja magnética, es decir, brújula.

[165] Véase MARTÍNEZ-HIDALGO Y TERÁN, JOSÉ MARÍA. *Historia y leyenda de la aguja magnética. Contribución de los españoles al progreso de la náutica*, Barcelona, Gustavo Gili, 1946.

[166] Así lo menciona Pierre Pélerin de Maricourt (lat. *Petrus Peregrinus de Maharncuria*) en su *Epistola de magnete* (1269).

[167] Folio 13v del *Quatri partitu* de Alonso de Chaves.

[168] Sobre la historia de la brújula en el ámbito árabe islámico véanse WIEDEMANN, EILHARD. "Maghnāṭīs", en *The Encyclopaedia of Islam. New Edition*, vol. V, pp. 1168-1169. Adenda en vol. IX, p. 16; SCHMIDL, PETRA. "Two early Arabic sources on the magnetic compass", en *Journal of Arabic and Islamic Studies*, nº 1, 1997-1998, pp. 81-132; y KING, DAVID A. *"Ṭāsa"*, en *The Encyclopaedia of Islam. New*

Las primeras referencias al compás magnético en Occidente están documentadas en dos obras de Alexander Neckam[169]: *De Utensilibus* (1187) y *De Natura Rerum* (1204). Neckam refiere que los marineros del Canal de la Mancha utilizaban una aguja de metal imantada para encontrar el norte.

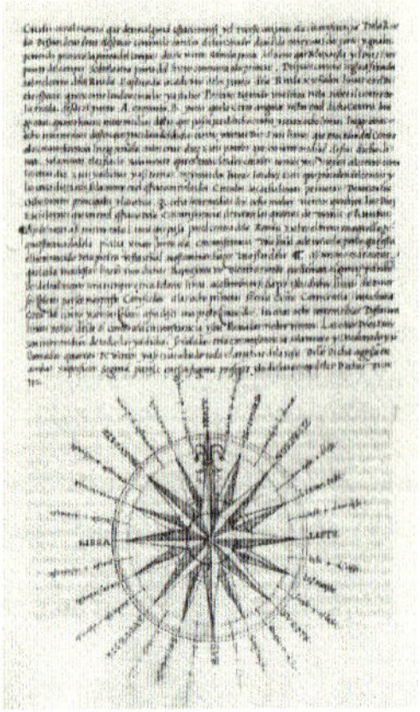

Figura 15. La rosa de los vientos del *Quatri partitu* de Alonso de Chaves (folio 12v)

La carta náutica o carta de marear

El interés por la geografía y por la cartografía desarrollado en la Casa de la Contratación se constata en sus Padrones Reales, mapamundis y mapas en los que, hacia 1550, se dibuja la carta moderna del mundo[170]. El descubrimiento del Cabo de Buena Esperanza por el portugués Bartolomé

Edition, Leiden, Brill, vol. X, 2000, pp. 312-313. Sobre su uso en el mar véase Tibbetts, Gerard R. "Milāḥa (3. In the Indian Ocean)", en *The Encyclopaedia of Islam. New Edition*, Leiden, Brill, vol. VII, 1993, p. 51, donde se menciona otro instrumento náutico: la *ḫašaba*. Acerca de la poco frecuente mención de la brújula o compás magnético en textos náuticos véase Ibn Māǧid, Aḥmad. *Arab Navigation in the Indian Ocean before the coming of the Portuguese. Being a Translation of Kitāb al-fawā'id fī uṣūl al-baḥr wa l-qawā'id of Aḥmad b. Mājid al-Najdī together with an Introduction on the History of Arab Navigation, Notes on the Navigational Techniques and on the Topography of the Indian Ocean, and a Glossary of Navigational Terms*, ed. de Gerald R. Tibbetts, Londres, The Royal Asiatic Society of Great Britain and Ireland-Luzac, 1971, p. 290.

169 Filósofo, teólogo, enciclopedista nacido en 1157 y fallecido en 1217.

170 Sánchez, Antonio. *La espada, la cruz y el Padrón: soberanía, fe y representación cartográfica en el mundo ibérico bajo la Monarquía Hispánica, 1503-1598*, Madrid, CSIC, 2013 y "Artesanos, cartografía e imperio. La producción social de un instrumento náutico en el mundo ibérico, 1500-1650", en *Historia Crítica*, nº 73, 2019, pp. 21-41.

Díaz en 1487 y la expedición de Fernando de Magallanes y Juan Sebastián Elcano (1519-1522) en busca de una ruta comercial con las islas Molucas o de las Especias[171] representan, sin duda, dos eventos decisivos para establecimiento de la carta moderna del mundo. No obstante, el planisferio del cartógrafo alemán Henricus Martellus de *ca*. 1491[172] constituye un antecedente de importancia.

La carta de marear o carta náutica[173] es un instrumento esencial a bordo en la navegación al que se dedica mucha

---

[171] CUESTA DOMINGO, MARIANO. *La cuestión de las Islas Molucas: geografía, descubrimiento y negociaciones castellano-portuguesas*, tesis doctoral, Universidad Complutense de Madrid, 1973.

[172] Activo en Florencia entre 1459 y 1496. Véase DUZER, CHET VAN. *Henricus Martellus's World Map at Yale (ca. 1491). Multispectral Imaging, Sources, and Influence*, Cham, Springer, 2019.

[173] Sobre la cartografía náutica portuguesa y española son de consulta imprescindible CORTESÃO, ARMANDO y TEIXEIRA DA MOTA, AVELINO. *Portugaliae Monumenta Cartographica*, 6 vols., Lisboa, Imprensa Nacional Casa da Moeda, 1960; CORTESÃO, ARMANDO. *History of Portuguese Cartography*, Coimbra, Junta de Investigações do Ultramar, vol. I, 1969; CEREZO MARTÍNEZ, RICARDO. *La cartografía náutica española en los siglos XIV, XV y XVI*, Madrid, CSIC, 1994; ALEGRIA, MARIA FERNANDA, DAVEAU, SUZANNE, GARCIA, JOÃO CARLOS y RELAÑO, FRANCESC. "Portuguese Cartography in the Renaissance", en WOODWARD, DAVID (ed.). *The History of Cartography: Cartography in the European Renaissance*, Chicago, The University of Chicago Press, vol. III, 2007, pp. 975-1068; SANDMAN, ALISON D. "Spanish Nautical Cartography in the Renaissance", en WOODWARD, DAVID (ed.). *The History of Cartography: Cartography in the European Renaissance*, Chicago, The University of Chicago Press, vol. 3, 2007, pp. 1095-1142; ALEGRIA, MARÍA FERNANDA *et al*. *História da Cartografia Portuguesa. Séculos XV a XVII*, Porto, Fio da Palavra, 2012; SÁNCHEZ MARTÍNEZ, ANTONIO. *La espada, la cruz y el Padrón: Soberanía, fe y representación cartográfica en el mundo ibérico bajo la Monarquía Hispánica, 1503-1598*, Madrid, CSIC, 2013; SÁNCHEZ MARTÍNEZ, ANTONIO. "Artesanos, cartografía e imperio. La producción social de un instrumento náutico en el mundo ibérico, 1500-1650", en *Historia Crítica*, nº 73, 2019, pp. 21-41; ALVES GASPAR, JOAQUIM y LEITÃO, HENRIQUE. "What is a nautical chart, really? Uncovering the geometry of early modern nautical charts", en *Journal of Cultural Heritage*, nº 29, 2018, pp. 130-136; y ALVES GASPAR, JOAQUIM. "The Origin of Nautical Cartography: Certitudes, Doubts, and Perplexities", en *International Journal of Cartography*, 2023, publicación en línea: DOI: 10.1080/23729333.2023.2240902.

atención en el *Quatri partitu*. Constituye el segundo capítulo del segundo tratado del libro primero de la obra.

Chaves define la carta de marear así[174]:

> [La carta de marear] representa la imagen del mundo por absencia suya del y no da a entender por su traça, escriptura y pintura la misma traça semejança o pusicion que el mundo guarda consigo mismo. Así por este instrumento en breue cantidad de espacio comprehendemos todo lo que por otras vias no podriamos con muy grandisimos volumenes de libros y escrituras y tal instrumento hallaron los sabios antiguos sea el mas comodo y prouechoso para la nauegacion y para representar nos en breue figura lo que no se puede dar a entender por muchas palabras.

Tras la definición, Chaves explica cómo se hace una carta de marear. La carta de marear, apunta, puede hacerse en forma "espherica o plano espherico y puede ser en globo", pero añade que esta forma de representación no se usa en navegación por la falta de conocimientos de los marineros. La carta que explica es la fabricada:

> en forma plana quadrangula como una tabla y por tanto es dicha mapamundi que quiere dezir manteles en que esta labrada y texida la figura del mundo ca la carta de marear para ser mirada se ecstiende sobre una mesa así como manteles y en ella se nos representa la labor y figura del mundo labrado y extretexido con sus líneas y vientos bien asi como en unos manteles se nos muestran sus labores texidas y por esta comparacion la carta de marear es dicha mapamundi[175].

---

[174] Folio 14r del *Quatri partitu* de Alonso de Chaves.
[175] Folio 14r del *Quatri partitu* de Alonso de Chaves.

Continúa explicando la importancia de la carta de marear para la navegación, pues:

> sin el qual instrumento de carta la navegacion seria muy defectuosa y sospechosa a los navegantes. Porque puesto caso que el aguja sea el principal fundamento del arte de navegar y nos muestre los caminos y derechas vías que devemos hazer a qualquiera parte muy confusos y sospechosos yriamos por el tal camino si no tuviésemos otro aviso apra sber lo que avemos andado y lo que nos queda por andar hasta llegar al lugar que queremos...

Chaves prosigue con la explicación de cómo fabricar una carta náutica, desde el trazo de la rosa de los vientos de 32 puntas, siguiendo con los rumbos o líneas de vientos, que se trazan de tres colores distintos: negro, verde y rojo (*colorado*). Los rumbos negros son los ocho vientos principales, los verdes son los ocho *medios vientos* y los dieciséis rojos se denominan *quartas*. Se representan también los meridianos y los paralelos. El capítulo sigue hasta explicar el resto de líneas, graduaciones y elementos que componen la carta[176].

A continuación[177], Chaves explica que, una vez trazada la carta, es cuando se puede proceder a dibujar la tierra. Para ello, comenta, es imprescindible disponer de información cartográfica previa:

> Agora sea por pintura teniendo otra carta donde se pueda sacar agora sea escritura asi como Ptholomeo o otro alguno que lo trate o relacion de vista y experiençia que lo declare.

---

[176] Fols. 14r-15r.

[177] Fol. 15r del *Quatri partitu* de Alonso de Chaves.

Se debe de comenzar por un accidente de la costa "muy notorio asi como promontorio o cabo o rio principal" y, una vez trazado todo el contorno de tierra, escribir con "pluma delgada todos los nombres de los cabos y rios y puertos de todas las otras particularidades que se hallaren en el trasumpto o de que se tiene noticia". Especifica Chaves que los lugares de mayor importancia se escriben con tinta roja.

No se ha conservado de manera completa la carta náutica fabricada por Alonso de Chaves. Sin embargo, en la Wolfenbüttel Herzog August Bibliothek (Wolfenbüttel, Alemania) se conservan dos láminas de pergamino de lo que quizás fue el mapa de la costa occidental del norte de América realizado por Diego Ribeiro o por Alonso de Chaves[178]. Es plausible pensar que se trata de dos padrones que formaron parte del Padrón Real que se encargó a Chaves y que él mismo debió entregar al Consejo de Indias en 1536, un objeto cartográfico considerado perdido en nuestros días[179].

El astrolabio náutico[180]

El astrolabio náutico es un instrumento que procede de la simplificación de una serie de avances en el campo de la astronomía desarrollados por la civilización árabe islámica a lo

---

[178] Sánchez, Antonio. *La espada, la cruz y el Padrón: soberanía, fe y representación cartográfica en el mundo ibérico bajo la Monarquía Hispánica, 1503-1598,* Madrid: Consejo Superior de Investigaciones Científicas, 2013, pp. 213-216.

[179] Sánchez, Antonio. *La espada, la cruz y el Padrón: soberanía, fe y representación cartográfica en el mundo ibérico bajo la Monarquía Hispánica, 1503-1598*, Madrid: Consejo Superior de Investigaciones Científicas, 2013, p. 213.

[180] Chaves, Alonso de. *Quatri Partitu en Cosmographia*, Libro Primero, cap. III.

largo de siglos[181]. Este instrumento fue utilizado por navegantes portugueses y españoles durante los siglos XVI y XVII para hallar la latitud a bordo[182].

La latitud es un valor variable que corresponde al ángulo formado entre el paralelo de un lugar y el ecuador medido en grados minutos y fracción. Para hallar la latitud se medía la altura del sol sobre el horizonte a mediodía. Además del valor obtenido en el momento de la medición, el observador necesitaba consultar tablas pre-existentes para poder calcular la latitud y así estimar la posición de la nave en el océano. Conocer la latitud fue imprescindible para la exploración del Atlántico, el descubrimiento del Nuevo Mundo, conocer las rutas hacia la India y las islas de las Especias o Especiería (las Molucas) y para cartografiar el mundo en su totalidad.

En contexto cartográfico, las ilustraciones de instrumentos aparecen por primera vez en los mapas de Diego Ribero. Se trata de un hecho extraordinario gracias al cual hoy podemos observar la traslación gráfica del crucial momento en el que se discute en la Casa de la Contratación sobre la necesidad de teorizar y establecer una navegación científica.

El astrolabio náutico más antiguo conocido data de 1517. En realidad, se trata de parte de un astrolabio, un disco de bronce hallado en 2014 en la costa del sur de Omán conocido como "astrolabio de Sodré". Procede de la cuarta armada portuguesa de Vasco da Gama, que naufragó en esa zona del Mar de Arabia. El nombre se debe a Vicente y Brás Sodré, tíos ma-

---

[181] El origen remoto del astrolabio es griego. Véase MICHEL, HENRI. *Traité de l'Astrolabe*, París, Gauthier-Villars, 1947; y HARTNER, WILLY. "Asṭurlāb", en *The Encyclopaedia of Islam. New Edition*, Leiden, Brill, vol. I, 1986, pp. 722-728.

[182] CASTRO, FILIPE *et al.* "The Astrolabe Project", en *Journal of Maritime Archaeology*, nº 10, 2015, pp. 205-234. DOI: 10.1007/s11457-015-9149-9.

ternos de Vasco da Gama que comandaban las naos portuguesas Esmeralda y São Pedro en esta expedición[183]. Este objeto tiene un especial significado en el contexto de la historia de la instrumentación náutica porque podría constituir una prueba material de que el astrolabio sólido se utilizó a bordo en lugar del astrolabio de estructura abierta[184]. Así, en los mapas de Diego Ribero (entre 1525 y 1529) aparece en la esquina inferior derecha la ilustración de un astrolabio sólido y no un astrolabio de estructura abierta[185]. No obstante, este tipo de ilustraciones pueden responder a una narrativa concreta que no habría trasladado la práctica real a bordo, sino una interpretación erudita del uso del astrolabio en la navegación.

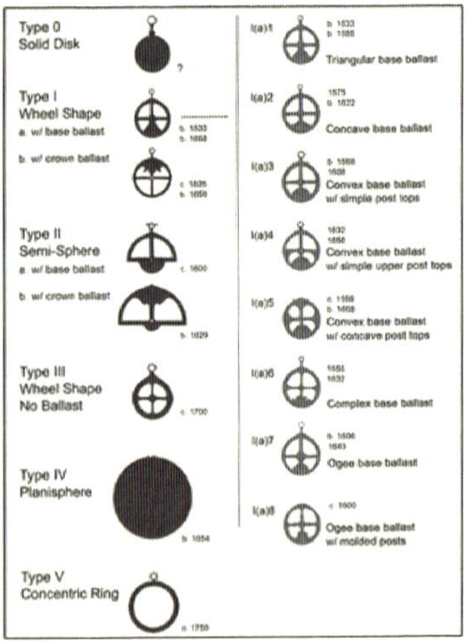

Figura 16. Taxonomía del astrolabio náutico de Filipe Castro. Fuente: "The Astrolabe Project" https://link-springer-com.accedys2.bbtk.ull.es/article/10.1007/s11457-015-9149-9/figures/2. Accedido: 16/03/2024

[183] MEARNS, DAVID L. *et al.* "An Early Portuguese Mariner's Astrolabe from the Sodré Wreck-site, Al Hallaniyah, Oman", en *International Journal of Nautical Archaeology*, vol. 48, nº 2 (2019), pp. 495-506, DOI: 10.1111/1095-9270.12353.

[184] Véase CASTRO, FILIPE *et al.* "The Astrolabe Project", en *Journal of Maritime Archaeology*, nº 10, 2015, pp. 205-234.

[185] Véase DAVIES, SUREKHA. "The Navigational Iconography of Diogo Ribeiro's 1529 Vatican Planisphere", en *Imago Mundi*, nº 55, 2003, pp. 103-112.

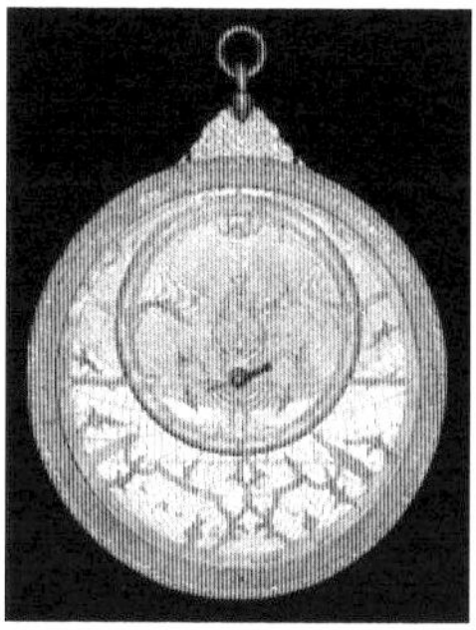

Figura 17. Izquierda: astrolabio náutico, de estructura abierta, de *ca*. 1600. Museum of the History of Science de Oxford. Nº de inventario: 54253 (https://www.mhs.ox.ac.uk/epact/catalogue.php?ENumber=26741). Derecha: astrolabio del siglo XIII fabricado probablemente en El Cairo por 'Abd al-Karīm al-Miṣrī en el que se puede observar su estructura sólida y no abierta. Museum of the History of Science de Oxford. Nº de inventario: 37148 (https://www.mhs.ox.ac.uk/astrolabe/catalogue/browseReport/Astrolabe_ID=149.html). Accedido: 16/03/2024

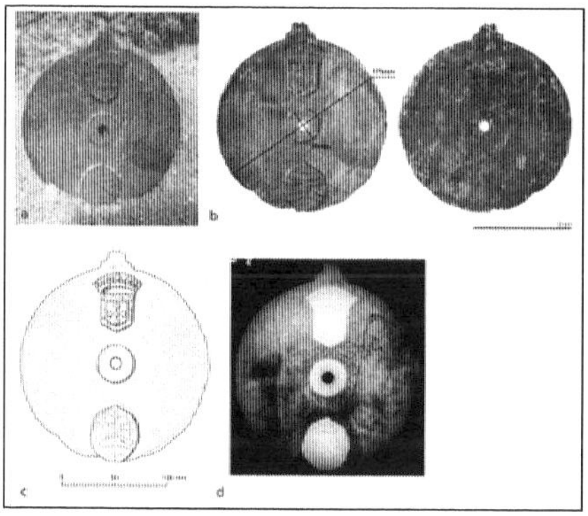

Figura 18. Imágenes del astrolabio de Sodré en MEARNS, DAVID L. *et al*. "An Early Portuguese Mariner's Astrolabe from the Sodré Wreck-site, Al Hallaniyah, Oman", en *International Journal of Nautical Archaeology*, vol. 48, nº 2, 2019, pp. 495-506

En el mapamundi de Diego Ribero del año 1527, conservado en la Herzogin Anna Amalia Bibliothek de Weimar (Alemania), se encuentra la ilustración de un astrolabio.

Figura 19. Ilustración de un astrolabio en el mapamundi atribuido a Diego Ribero (1527) conservado en la Herzogin Anna Amalia Bibliothek de Weimar (Alemania). Se trata de la primera representación de este instrumento como instrumento de aplicación en náutica en un mapamundi. https://upload.wikimedia.org/wikipedia/commons/6/60/Weimar_1527.png

En la versión de 1529, conservada en la Biblioteca Apostólica Vaticana[186], encontramos el mismo astrolabio, pero con una inscripción en la que se identifica como un [*a*]*strolabio maritimo*.

---

186 Ms. Borgiano III.

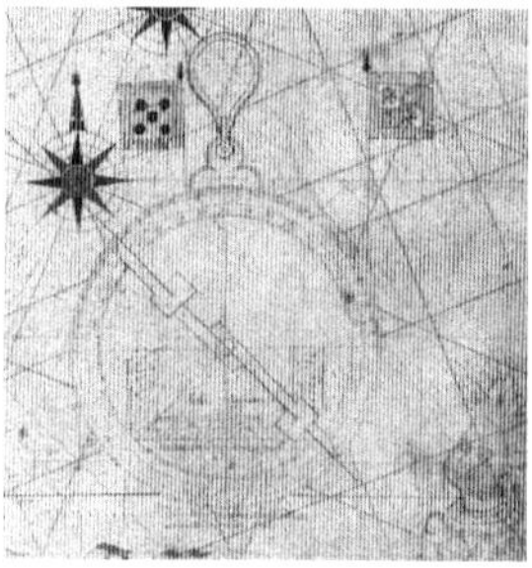

Figura 20. Detalle del mapamundi de Diego Ribero de 1529 reproducido en DAVIES, SUREKHA. "The Navigational Iconography of Diogo Ribeiro's 1529 Vatican Planisphere", en *Imago Mundi*, nº 55 2003, p. 104 [103-112]

La primera mención textual sobre el uso del astrolabio en navegación se remonta al siglo XII y se encuentra en el conocido como *Traité de l'astrolabe* o *Vite presentis indutias silentio* de Raymond de Marsella (activo en 1140)[187] conservado en la Bibliothèque nationale de France[188] y en la Biblioteca Apostólica Vaticana[189], además de conservarse algunos fragmentos en Stuttgart[190]. En este texto se explica que los marinos utilizaban este instrumento para determinar la latitud mediante la observación

[187] POULLE, EMMANUEL. "L'astrolabe médiéval d'après les manuscrits de la Bibliothèque nationale", en *Bibliothèque de l'École des chartes*, nº 112, 1954, pp. 81-103 (véanse pp. 88-89); y "Le traité de l'astrolabe de Raymond de Marseille", en *Studi medievali*, nº 5, 1964, pp. 866-900; D'ALVERNY, MARIE-THERESE, BURNETT, CHARLES y POULLE, EMMANUEL. *Raymond de Marseille: Opera omnia. Vol. I, Traité de l'astrolabe, Liber cursuum planetarum* [edición crítica y traducción de la obra de Raymond de Marseille], París, CNRS éditions, 2009; y CAIAZZO, IRENE y BURNETT, CHARLES. "New Manuscripts of 'On the astrolabe' by Raymond of Marseilles", en *Scriptorium*, vol. 65, nº 2, 2011, pp. 338-349.

[188] Signatura Lat. 10266. Se trata de una copia realizada a finales del siglo XV por Arnaldo de Bruselas (*Arnaldus de Bruxella*), impresor en Nápoles de una veintena de volúmenes entre 1472 y 1477. Véase BURGER, KONRAD. *Ludwig Hain's Repertorium Bibliographicum Register. Die Drucker des XV. Jahrhunderts mit chronologischer Aufführung ihrer Werke*, Leipzig, Otto Harrassowitz, 1891, p. 52.

[189] Signatura Vat. Lat. 4083. Véase PEDERSEN, FRITZ SAABY. *The Toledan tables, a review of the manuscripts and the textual versions with an edition*, Copenhagen, Det Kongelige Danske Videnskabemes Selska, t. I, 2002, p. 182.

[190] Cod. Math. 4º 33 de la *Württembergische Landesbibliothek* de Stuttgart. Es el texto más antiguo conservado del tratado del astrolabio de Raymond de Marsella. Véase CAIAZZO, IRENE y BURNETT, CHARLES. "New Manuscripts of 'On the astrolabe' by Raymond of Marseilles", en *Scriptorium*, vol. 65, nº 2, 2011, pp. 338-349, nota 6.

del paso superior e inferior de las estrellas polares *Bennenas*[191] o *Algedi*[192].

Figura 21. Ilustración del uso del astrolabio en navegación en el *Eqbāl-nāma* del poeta persa del siglo XII Neẓāmī Ganǧavī. Copia del siglo XVI. Manuscrito BnF Smith-Lesouëf 216, f. 288r (representación de Alejandro III, rey de Macedonia, navegando). Fuente: Mandragore BnF https://mandragore.bnf.fr/ark:/12148/cgfbt830984. Véase BLOIS, FRANÇOIS DE. "Eskandar-nāma of Neẓāmī", en *Encylopaedia Iranica*, Londres, vol. VIII, 1998, pp. 612-614, versión online: https://iranicaonline.org/articles/eskandar-nama-of-nezami. Accedido: 29-06-2024

---

191 La Osa Mayor. *Bennenas* es la transcripción latina del árabe *banāt al-na'aš* ("las doncellas del ataúd"), nombre árabe de la estrella η *Ursae Maioris* (Osa Mayor).

192 La Osa Menor. *Algedi* es la transcripción latina del árabe *al-ǧadī*. La constelación de Capricornio también se llama en árabe *al-ǧadī* o *ǧadī al-farqadayn* ("el carnero de los dos guardianes"). Es la *Maris Stella* ("la estrella del mar") o estrella polar o del norte (α *Ursae Minoris*). Véase PUIG, ROSER. "Un mar de arena, un mar de estrellas y un mar para navegar: árabes y Navegación", en *Cuadernos del CEMYR*, nº 15, 2007, p. 86 [77-90].

La literatura medieval europea dedicada al astrolabio constituye un corpus textual extenso e importante. En su expresión latina, se distinguen tres tipos de tratados sobre el astrolabio: los que explican su composición y características, los que se ocupan de sus usos y los que exponen la teoría de la proyección estereográfica[193]. Con frecuencia, los dos primeros tipos pueden encontrarse en el mismo tratado. Otros, como el de Andalò di Negro[194], quien instruyó en astronomía a Boccaccio, reúnen los tres aspectos mencionados[195].

Los orígenes de la tradición textual europea sobre el astrolabio se encuentran en la civilización árabe islámica y esta, a su vez, remonta a la civilización helenística. Los árabes desarrollaron este instrumento perfeccionándolo y aplicándolo en el cálculo de la hora y el tiempo, creando una ciencia, el *'ilm al-mīqāt*[196]. Sirvió también para realizar cálculos de agrimensura y topografía (*'ilm al-misāḥa*)[197] y como herramienta didáctica, dado que el astrolabio constituye una representación de la esfera celeste, lo que lo hace un modelo perfecto para explicar los principios de la astronomía.

---

[193] POULLE, EMMANUEL. "L'astrolabe médiéval d'après les manuscrits de la Bibliothèque Nationale", en *Bibliothèque de l'École des chartes*, nº 112, 1954, p. 82 [81-103].

[194] Nacido en Génova *ca*. 1260 y fallecido en Nápoles en 1334.

[195] RAYNAUD, DOMINIQUE, GESSNER, SAMUEL y MOTA, BERNARDO. "Andalò di Negro's *De compositione astrolabii*: a critical edition with English translation and notes", en *Archive for History of Exact Sciences*, nº 73, 2019, pp. 551-617.

[196] *'Ilm al-mīqāt* es el nombre de la disciplina que engloba toda la teoría y la práctica relativa a los cálculos necesarios para definir y establecer distintos elementos del culto de la religión islámica, tales como el calendario, la hora y la dirección de la *qibla*, entre otros, mediante la observación de la luna, el sol y las estrellas. Véase KING, DAVID A. "Astronomical Timekeeping (*'ilm al-mīqāt*) in Medieval Islam", en BERGMAN, JAN (ed.). *Actes du XXIXe Congrès international des Orientalistes (Paris, 1973)*, París, Asiathèque, vol. II, 1975, pp. 86-90.

[197] AGUIAR AGUILAR, MARAVILLAS. "Las aplicaciones del cuadrante de senos en agrimensura a través de un tratado árabe oriental del siglo XIV", en ÁLVAREZ DE MORALES, CAMILO (ed.). *Ciencias de la Naturaleza en al-Andalus*, Granada, Escuela de Estudios Árabes de Granada (CSIC), 1996, pp. 93-113.

Alonso de Chaves recuerda la importancia de este instrumento, el cual considera superior a todos los demás porque "comprende la redondez del cielo y de la tierra"[198]. También comenta Chaves lo complejo que resulta usar el astrolabio (*astrolabio físico*) y que él va a ocuparse únicamente del astrolabio náutico (*el astrolabio usado entre los dichos mareantes*), más sencillo de comprender para los navegantes sin conocimientos de astrología ni de matemáticas[199]. Primero explica la fabricación del astrolabio y luego su uso. En la fabricación del astrolabio náutico comienza explicando qué tipo de material debe usarse (metal o madera), la disposición de la anilla suspensoria (*armilla*) y luego cómo dibujar las escalas. A continuación, explica cómo fabricar y colocar la regla o alidada (*regla* o *alidada*). El texto no menciona ningún detalle particular respecto a otros tratados sobre este instrumento. Sobre el uso del astrolabio náutico, Chaves recuerda que solo se usa en navegación para saber la altitud del sol y de la estrella polar sobre el horizonte, y finaliza explicando cómo utilizarlo a bordo. Chaves considera que el astrolabio náutico es el instrumento ideal para usarse a bordo, por encima de los que cita a continuación.

La ilustración que incluye en este apartado revela que el modelo que toma es el de un astrolabio árabe. En cambio, la ilustración del astrolabio que incluye Rodrigo Zamorano en su *Compendio de la Arte de navegar* corresponde a un astrolabio de estructura abierta. Esta dualidad de modelos de astrolabio no ha sido estudiada aún, por lo que no es posible avanzar más información al respecto.

---

198 CASTAÑEDA DELGADO, PAULINO *et al.* "Estudio preliminar", en CHAVES, ALONSO DE. *Quatri Partitu en Cosmographia pratica*, Madrid, Instituto de Historia y Cultura Naval, 1983, pp. 15-62.

199 CASTAÑEDA DELGADO, PAULINO *et al.* "Estudio preliminar", en CHAVES, ALONSO DE. *Quatri Partitu en Cosmographia pratica*, Madrid, Instituto de Historia y Cultura Naval, 1983, pp. 15-62.

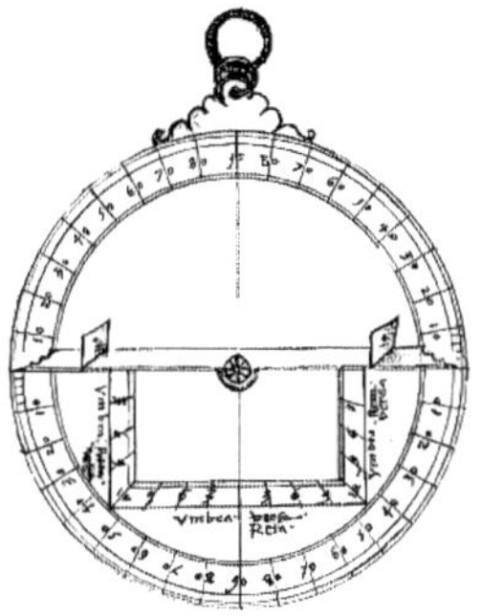

Figura 22. El astrolabio en el *Quatri partitu* de Alonso de Chaves (fol. 18r). Real Academia de la Historia, España

Figura 23. El astrolabio en el *Regimiento de navegación* de Pedro de Medina, 1563, f. XIV. Fuente: https://dicter.usal.es/lema/sol&acepcion=2

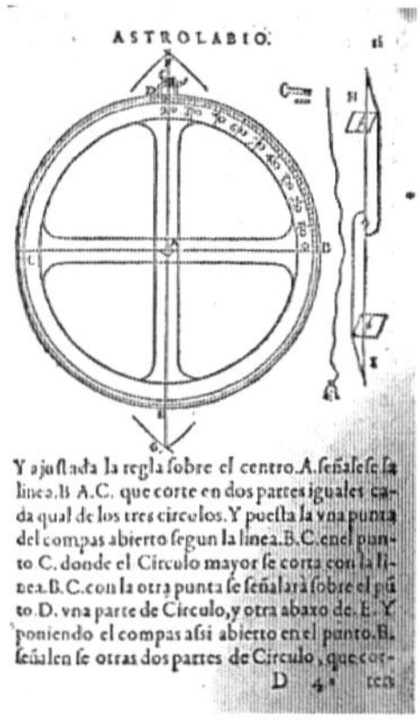

Figura 24. El astrolabio en el *Compendio de la Arte de navegar* de Rodrigo Zamorano. Ilustración del ejemplar de Sevilla de 1588 conservado en la Universidad de Salamanca

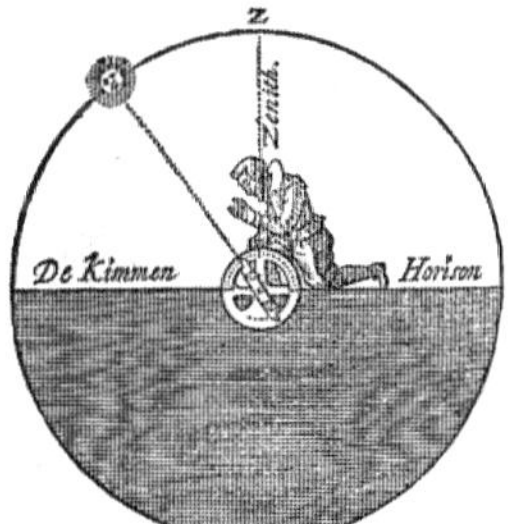

Figura 25. Astrolabio en Metius, Adriaan. *De genuino usu utriusque globi tractatus*, Franecker, 1624. Fuente: Catálogo de la exposición "The Measurers: a Flemisch Image of Mathematics in the Sixteenth Century" (1995) del History of Science Museum de la Universidad de Oxford https://www.mhs.ox.ac.uk/measurer/text/fig13.htm

EL CUADRANTE[200]

La palabra cuadrante es el vocablo genérico que hace referencia a un conjunto de instrumentos que tienen en común la forma de cuarto de círculo y contienen pínula, cursor, hilo con plomada o alidada (según el tipo de cuadrante de que se trate) y trazados de líneas rectas y arcos con distintas funcionalidades. Su origen como instrumento para tomar alturas es muy antiguo[201]. Su desarrollo se produjo durante la Edad Media de la mano de astrónomos árabes, siendo el cuadrante de senos (*rub'al-ǧayb, rub'al-muǧayyab*) el primero de una serie de cuadrantes inventados en contexto árabe-islámico tales como el cuadrante universal, el cuadrante horario y el cuadrante astrolabio, entre otros[202]. El cuadrante de senos es el cuadrante que ha tenido mayor proyección a lo largo de más de un milenio desde que fuera inventado por el matemático al-Ḫwārizmī en el siglo IX[203], difundiéndose en ciertos lugares de la Europa cristiana durante la Edad Media, donde su conocimiento está presente hasta, al menos, el siglo XVI. En contexto islámico, el cuadrante de senos es conocido aún en nuestros días[204].

---

200 CHAVES, ALONSO DE. *Quatri Partitu en Cosmographia*, Libro Primero, cap. IV.

201 Ptolomeo describió en el *Almagesto* un tipo de cuadrante mural, de mayor dimensión que el cuadrante al que nos referimos en este apartado.

202 Véase CHARETTE, FRANÇOIS. *Mathematical instrumentation in fourteenth-century Egypt and Syria. The Illustrated Treatise of Najm al-Dīn al-Mīṣrī*, Leiden-Boston, Brill, 2003.

203 CHARETTE, FRANÇOIS y SCHMIDL, PETRA. "al-Khwārizmī and Practical Astronomy in Ninth-Century Baghdad. The Earliest Extant Corpus of Texts in Arabic on the Astrolabe and Other Portable Instruments", en *Sciamvs*, nº 5, 2004, pp. 101-198.

204 AGUIAR AGUILAR, MARAVILLAS. "Las aplicaciones del cuadrante de senos en agrimensura a través de un tratado árabe oriental del siglo XIV", en ÁLVAREZ DE MORALES Y RUIZ-MATAS, CAMILO (ed.). *Ciencias de la naturaleza en Al-Andalus. Textos y Estudios IV*, Granada, CSIC, 1996, pp. 93-113; "Notas sobre la difusión del cuadrante de senos: el 'cuadrante grosero' de Alí Bey (siglo XIX)", en *Revista de Filología de la Universidad de La Laguna*, nº 17, 1999, pp. 41-45; "The Arabic Treatises on the Sine Quadrant during the Mamluk Period", en *Orientalia Lovaniensia Analecta. "Egypt and*

La función principal del cuadrante es medir ángulos (de 0º a 90º) y, por tanto, conocer la altura de un objeto (el sol, una estrella, una elevación de terreno o un elemento arquitectónico como una torre, por ejemplo). En sus diferentes versiones, el cuadrante permite calcular la longitud, la latitud y la hora civil. Entre los cuadrantes, el que aquí nos interesa es el cuadrante utilizado a bordo de un barco para hallar la hora y determinar la latitud durante la travesía.

Figura 26. Representación de astrónomos en la cima del monte Athos observando las estrellas con astrolabios y cuadrantes. *Libro de las Maravillas del Mundo* de Jean de Mandeville, 1410. British Library Ms. Bl. Add. 24189, f. 15r. Fuente: HERNÁNDEZ PÉREZ, AZUCENA. "Astrónomo", en *Base de datos digital de Iconografía Medieval*, Universidad Complutense de Madrid, 2017. En línea: https://www.ucm.es/bdiconografiamedieval/astronomo

Syria in the Fatimid, Ayyubid and Mamluk Eras-III", Lovaina, Peeters, 2001, pp. 163-171; "Manuscritos árabes de los siglos XIV y XV para la enseñanza de la trigonometría conservados en la Biblioteca del Real Monasterio de El Escorial", en *Actas del congreso internacional Manuscritos Andalusíes (Casablanca, marzo 2009)*, Casablanca, 2010, pp. 97-109; "A Contribution on the Textual History of Islamic astronomical instruments. The production of Arabic Texts on the Sine Quadrant devoted to teaching from the thirteenth to sixteenth Centuries", en *Sources and Approaches across Near Eastern Disciplines. Proceedings of the 24th Congress of L'Union Européenne des Arabisants et Islamisants*, Lovaina, Peeters, 2013, pp. 453-462; AGUIAR AGUILAR, MARAVILLAS y GONZÁLEZ MARRERO, JOSÉ ANTONIO. "El tratado astronómico del *Sexagenarium*: una aportación mudéjar valenciana a la historia de la ciencia", en *Sharq al-Andalus*, nº 13, 1996, pp. 183-202; *Un texto valenciano del siglo XV: el tratado astronómico del Sexagenarium*, Onda (Castellón), Ajuntament d'Onda, 2003; y "Un tratado latino sobre los usos del cuadrante de senos: edición de los cánones del tratado de Christianus de Prolianus conservados en el ms. lat. nº 10263 de la Biblioteca Nacional de Francia", en *Faventia*, vol. 27, nº 1, 2005, pp. 113-123.

Figura 27. Ilustración de un cuadrante esquemático en *A New Collection of Voyages, Discoveries and Travels: Containing Whatever is Worthy of Notice in Europe, Asia, Africa, and America*, 1767. Fuente: The Mariners' Museum and Park (Newport News, Virginia, Estados Unidos), biblioteca de The Mariners' Museum and Park, signatura G160.K75 rare. https://exploration.marinersmuseum.org/object/quadrant/

Alonso de Chaves incluye un capítulo sobre la fabricación y el uso del cuadrante astrolabio. Comenta que es un instrumento derivado del astrolabio y que debe utilizarse solo en el caso en el que no se disponga de este.

> El quadrante no es otra cosa sino la perfeta quarta parte de un astrolabio y todas las operaciones que se pueden hazer con el astrolabio se hazen con el quadrante e aun mas e con mas facilidad como quiera que del astrolabio no usamos mas de una de sus quartas [partes] para este effeto de saber las altitudines de los cuerpos celestes[205].

[205] *Quatri partitu*, fol. 19r.

Se constata con ello que instrumentos astronómicos como el astrolabio de factura árabe y el cuadrante son los que propone Chaves como instrumentos de uso en la navegación.

Chaves explica tres formas de fabricar el instrumento en función de la cantidad de material disponible. Este material puede ser metal o madera.

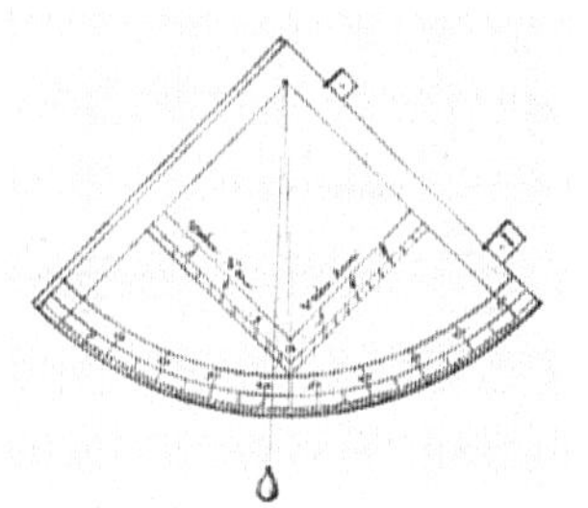

Figura 28. El cuadrante en el *Quatri partitu* de Alonso de Chaves (folio 18r). Se trata de un cuadrante de sombras. Real Academia de la Historia, España

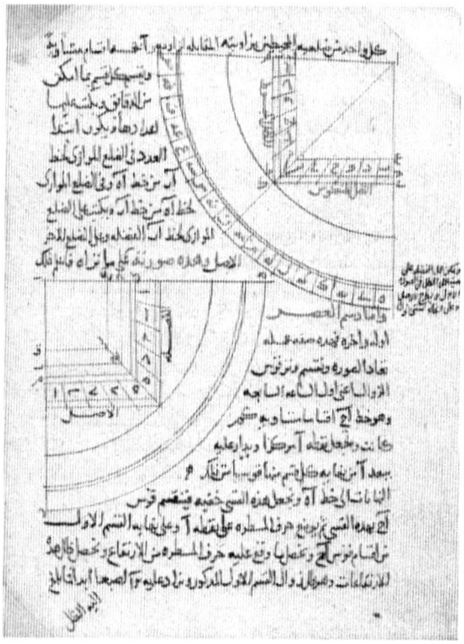

Figura 29. Ilustración del cuadrante de sombras en el *Ǧāmi' al-mabādi' wa-l-ġāyāt fī 'ilm al-mīqāt* de Abū al-Ḥasan 'Alī Marrākušī (siglo XIII). BnF manuscrito Árabe 2508, f. 5v. Fuente: https://mandragore.bnf.fr/recherche?text=quadrant+arabe

EL BÁCULO ASTRONÓMICO O BALLESTILLA[206]

La invención de la ballestilla se atribuye a Levi ben Gerson (1288-1344), que la menciona en uno de sus textos[207]. Se trata de una derivación del *kamāl*, instrumento utilizado en navegación en el océano Índico para medir la altura de la estrella polar y otras estrellas sobre el horizonte. Es una derivación del *lōḥ* o *ḫašaba*[208].

Su importancia en navegación viene dada, según señala Alonso de Chaves, por la sencillez de su uso. Sirve para tomar la altura de la estrella polar u otras estrellas, pero no para tomar la altura del sol. Sirve también para tomar cualquier altura, como por ejemplo la de una torre, señala Chaves. En este capítulo explica que para saber la altura de la estrella polar se coloca la punta del báculo astronómico o ballestilla en la cara como si se tratara de una ballesta, junto al ojo. A continuación, se mueve el levador por el asta acercándolo o apartándolo hasta alinear la punta del levador con el horizonte y la otra punta se alinee con la estrella cuya altura se quiera conocer. Fijado el levador, miraremos en el asta los grados.

En la primera mitad del siglo XVI, André Pires hacía referencia a las *tavoletas da India*, o *kamāl*, como *balhistinha do mouro* (ballestilla del moro). También João de Castro señala en su *Roteiro de Lisboa a Goa* que este instrumento se usaba

---

206 CHAVES, ALONSO DE. *Quatri Partitu en Cosmographia,* Libro Primero, cap. V.

207 DAVIDSON, ISRAEL. "Levi ben Abraham ben Hayim, A Mathematician of the XIIIth century", en *Scripta Mathematica*, nº 6, 1936, pp. 57-65; y GOLDSTEIN, BERNARD R. *The Astronomy of Levi ben Gerson (1288- 1344): A Critical Edition of Chapters 1-20 with Translation and Commentary*, Nueva York, Springer-Verlag, 1985.

208 Véase AGUIAR AGUILAR, MARAVILLAS. "*Quatri partitu en cosmographia pratica i por otro nombre llamado Espejo de navegantes* by Alonso de Chaves: A navigation manual for the instruction of Spanish pilots in the sixteenth century", en AGIUS, DIONISIUS A. *et al.* (eds.). *Ships, Saints and Sealore: Cultural Heritage and Ethnography of the Mediterranean and the Red Sea*, Oxford, Archaeopress, 2014, p. 51 [41-59].

a bordo, mientras que Pedro Nunes lo cita en su *Tratado da Sphera* (1537) en el interesante contexto de su queja por la terminología que se ha perdido entre los navegantes cuando hablan de temas náuticos[209].

Pedro de Medina menciona también la ballestilla en su *Arte de navegar* (1545), texto que será reproducido en el *Breve compendio de la sphera* de Martín Cortés (1551)[210]. En textos ingleses, este instrumento aparece descrito en la traducción de la *Geografía* de Ptolomeo de Johannes Werner (impreso en 1514) y en el *Seaman's Secrets* de John Davis (impreso en 1595), de donde procede el nombre de *Davis Quadrant*, por el que es conocido entre los marineros ingleses.

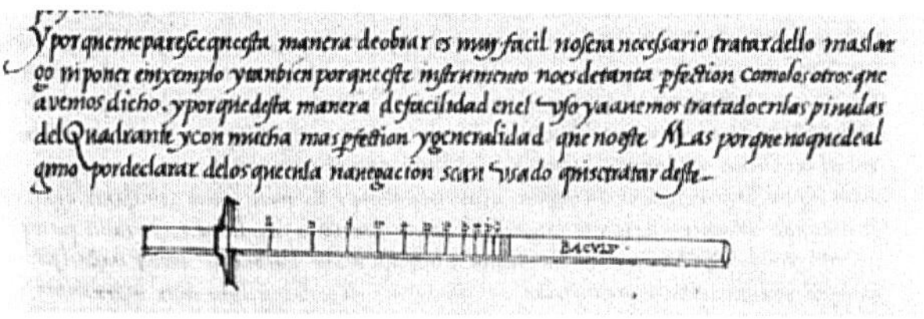

Figura 30. Ilustración de la ballestilla de Alonso de Chaves (folio 22r) del *Quatri partitu*. Real Academia de la Historia, España

[209] Albuquerque, Luís de. "Instruments for measuring altitude and the art of navigation", "Instruments for Measuring Altitude and the Art of Navigation", en Cortesão, Armando. *History of Portuguese Cartography*, 2 vols., Coimbra, Junta de Investigações do Ultramar-Lisboa, vol. I, 1969 y vol. II, 1971, vol. II, p. 366 [359- 442].

[210] El tratado de Alonso de Chaves permaneció inédito hasta 1983. Quizás por ello Albuquerque creía que la primera mención impresa a la ballestilla se documentaba en el *Breve compendio de la sphera* de Martín Cortés (1551) mientras que Sellés afirmaba que ésta se encontraba en el *Arte de navegar* de Pedro de Medina (1545). Véase Albuquerque, Luis de. *Historia de la navegación portuguesa*, Madrid, Mapfre, 1992, p. 204; y Sellés, Manuel A. *Instrumentos de navegación: del Mediterráneo al Pacífico*, Barcelona, Lunwerg, 1994, p. 69.

LA SONDA NÁUTICA[211]

La sonda náutica es un instrumento de gran simplicidad que sirvió en la navegación antigua para conocer la profundidad, es decir, la distancia vertical entre el fondo del lecho marino y una parte determinada del casco de la embarcación.

En primer lugar, Alonso de Chaves describe cómo fabricar una sonda náutica. Sus elementos son una cuerda de cáñamo delgada de, al menos, cincuenta brazas de largo, una pesa de plomo de, al menos, diez libras y que tenga forma "como de una campanilla y con su asa en la parte mas delgada por la qual sea atada a la dicha cuerda". Se debía hacer un betún de sebo que fuera una especie de "plasta laqual se pegue a la pesa de plomo en la parte mas gruesa della quees laque siempre adeyr hazia abaxo".

A continuación, explica el uso y dice que

> este instrumento es de muy grand provecho porque nos descubre las celadas y engaños encubiertos que muchas vezes nos robanlas haciendas y las vidas porque están encubiertos debaxo del agua no los vemos hasta estar caydos enlos lazos que nos están puestos para nuestra perdición.

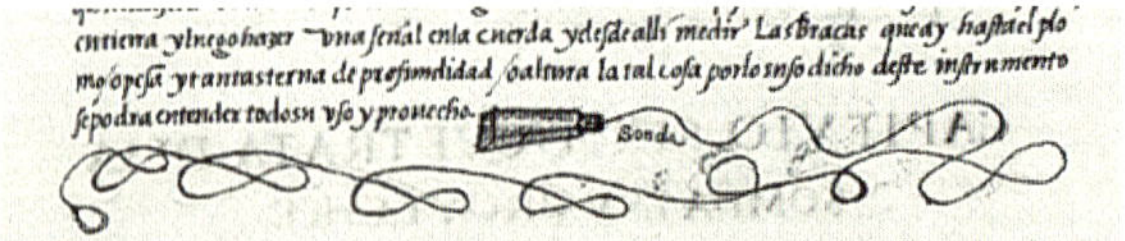
entierra y luego hazer una señal enla cuerda y desde alli medir las braças que ay hasta el plo
mo o pesa y tantas terna de profundidad o altura la tal cosa por lo suso dicho deste instrumento
se podra entender todo su uso y provecho.

Figura 31. Ilustración de la sonda de náutica de Alonso de Chaves (folio 22v) del *Quatri partitu*. © Real Academia de la Historia, España

[211] CHAVES, ALONSO DE. *Quatri Partitu en Cosmographia*, Libro Primero, cap. VI.

RELOJ GENERAL DE ARENA O AMPOLLETA[212]

Se trata de un instrumento básico usado en la mar para estimar el tiempo. No se trata de una medición precisa, sino estimatoria. El origen de su uso no se conoce con exactitud, pero debe de ser muy antiguo y remontar a Grecia y Roma. El reloj de arena o ampolleta comienza a documentarse en la Edad Media.

Al igual que en los casos anteriores, Alonso de Chaves no aporta ningún tipo de comentario erudito sobre el origen o difusión del reloj de arena. El capítulo correspondiente lleva por título "*Capitvlo septimo qve trata del relox general de arena qve llaman ampolletas*" y ocupa desde el folio 22v hasta el 23r. Se divide en una breve explicación de su importancia en la navegación, de su *fábrica* y de su uso. Cierra el capítulo la ilustración que hemos reproducido al final del presente apartado.

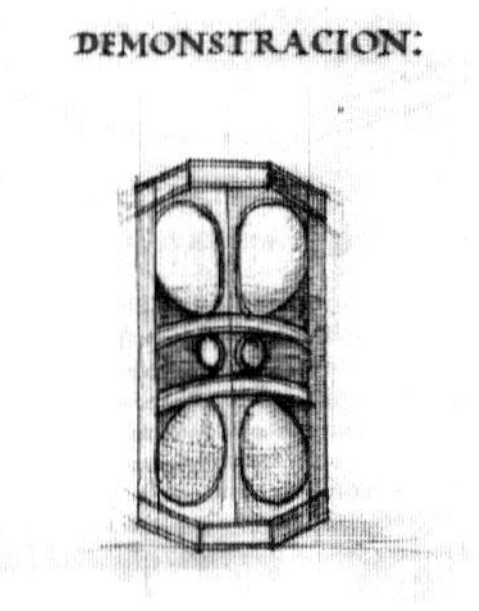

Figura 32. Ilustración del reloj de arena de Alonso de Chaves (folio 23r) en el *Quatri partitu*. Real Academia de la Historia, España

Chaves comienza explicando que el reloj de arena o ampolleta es un instrumento de importancia a bordo, pues permite conocer la hora de día y de noche incluso cuando hay tempestad. Con respecto a su fabricación, señala que el reloj de arena se puede fabricar de la forma y tamaño que se desee, pero que para la navegación lo más práctico es un reloj de arena de una hora. Se compone de dos vasos de vidrio pequeños, con sus bocas dispuestas una contra otra. En uno de los vasos se coloca arena fina.

---

[212] CHAVES, ALONSO DE. *Quatri Partitu en Cosmographia*, Libro Primero, cap. VII.

Instrumento geométrico o escala altímetra[213]

Este capítulo está dedicado a la explicación de la resolución de problemas de agrimensura por su relación con la geografía y la cartografía[214]. Aunque no es frecuente en el *Quatri partitu*, en este capítulo Alonso de Chaves comienza con un comentario sobre la historia de la geometría y la medición, citando la necesidad de desarrollar una ciencia de la medición de terrenos en el contexto de las crecidas anuales del Nilo en el Egipto antiguo, citando a *Alforabio* (al-Fārābī)[215] como fuente sobre este tema. Cita a continuación a Tales de Mileto como "primero hombre que supo usar deste instrumento". Menciona después a

> Anaxagoras y Clazomenus Theodorus Cirenens. Hippocras, Platon y otros muchos y despues destos fue Euclides el que la acabo de componer y ordenar y sus reglas y instrumentos.

Los capítulos 8 y 9 del *Quatri partitu* merecen un estudio aparte que contribuya a incrementar nuestros conocimientos sobre unidades de medida y agrimensura, así como sobre el uso del cuadrante y el astrolabio en contexto cartográfico.

---

213 Chaves, Alonso de. *Quatri Partitu en Cosmographia*, Libro Primero, cap. VIII.
214 Véase Aguiar Aguilar, Maravillas. "Las aplicaciones del cuadrante de senos en agrimensura a través de un tratado árabe oriental del siglo XIV", en Álvarez de Morales, Camilo (ed.). *Ciencias de la Naturaleza en al-Andalus*, Granada, Escuela de Estudios Árabes (CSIC), vol. 4, 1996, pp. 93-113.
215 Polímata persa nacido en 870, comentarista de la obra de Platón y autor de obras centrales en el ámbito de la filosofía.

HORÓSCOPO O RELOX GENERAL DIURNO[216]

El cuarto capítulo del segundo libro del *Quatri partitu* se presenta inconcluso. Describe la importancia del instrumento, su fabricación y su uso, aunque de manera incompleta como acabamos de señalar. Alonso de Chaves explica que ha elegido el reloj desarrollado por *Iohanes de monte Regio*[217] porque los navegantes carecen de conocimientos suficientes que les permitan utilizar otro tipo de instrumento más complejo.

[216] CHAVES, ALONSO DE. *Quatri Partitu en Cosmographia*, *Libro Segundo*, cap. IV. Se inicia en el folio 35 (foliación moderna a lápiz), continúa en el folio 36 con la explicación de su uso, pero queda inconcluso, quedando el tercio superior del folio en blanco y el folio siguiente también.

[217] Johann Müller Regiomontano, astrónomo y matemático nacido en 1436 y fallecido en 1476.

A MODO DE CONCLUSIÓN

Desde comienzos del siglo XVI, el *arte de navegar* pasa a ser la *ciencia de la navegación* en el contexto de la hegemonía político-económica de Portugal y España en el espacio atlántico. Los portugueses, en primer lugar, y luego los españoles desarrollarán herramientas teóricas y prácticas en el contexto de la política de expansión territorial que caracteriza la *Era de los Descubrimientos*, un periodo durante el cual tienen lugar una serie de hitos que irán conformando una nueva forma de navegar por el Atlántico.

El estudio atento del *Quatri partitu en cosmographia practica* de Alonso de Chaves revela una simplificación extrema en materia de instrumentación náutica. La necesidad consciente en la Casa de la Contratación de Sevilla de ampliar y perfeccionar conocimientos en el terreno de la ciencia de la navegación, como superación del arte de navegar, se traduce en la producción de abundante material escrito. El *Quatri partitu en cosmographia practica* se nos presenta como un texto rico y detallado en la enumeración de hechos observados en la práctica náutica, pero es en cambio pobre e incompleto en explicaciones teóricas y convenientemente documentadas.

En este sentido, observamos que Alonso de Chaves no cita textos de astronomía e instrumentación de épocas pasadas, como evidencia la parte del *Quatri partitu* en la que Chaves enumera y describe los distintos instrumentos náuticos que hemos analizado en el presente estudio. Sin embargo, si bien puede parecer que el texto documenta un momento histórico en el que la información disponible sobre astronomía y náutica era primitiva y regresiva, es necesario tener en cuenta que el *Quatri partitu en cosmographia practica*, así como otros textos similares, son textos docentes que responden a unos objetivos didácticos concretos. No se trata de textos que exijan un contenido más complejo o más libresco, ni que reflejen por completo los conocimientos de astronomía, matemáticas, cartografía o navegación conocidos en la época. De cualquier modo, es esta una cuestión que tendrá que ser analizada desde una nueva perspectiva en la que se aborde el género didáctico de tema náutico en su particular contexto y sin perder de vista su contribución al avance hacia la navegación moderna.

La noción de progreso de la ciencia y de la técnica aplicada a un hipotético recorrido lineal desde la Edad Media hasta la Edad Moderna implica una aproximación en la que se oponen arcaísmos e innovaciones. También funcionan en la tradicional explicación de la "evolución" del saber pares opuestos como barbarie/civilización, debilidad/fortaleza, sometimiento/conquista... Se desconocen las relaciones existentes entre los textos náuticos producidos por la Casa de la Contratación en cuanto a las materias que tratan, a sus formas de expresión, a la disposición de sus contenidos, a las ilustraciones y esquemas que presentan, a las tablas y otros recursos textuales. Se hace necesario abordar estos textos una vez más para poder observar procesos de continuidad técnica y científica que aún ignoramos.

REFERENCIAS

FUENTES PRIMARIAS

AL-ĠARNĀṬĪ, ABŪ ḤĀMID. *Al-Mu'rib 'an ba'ḍ 'aǧā'ib al-Maġrib*, introducción, edición y traducción de Ingrid Bejarano, Madrid, CSIC, 1991.

AL-ĠARNĀṬĪ, ABŪ ḤĀMID. *Tuḥfat al-albāb*, presentación, traducción y notas por Ana Ramos, Madrid, CSIC, 1990.

CHAVES, ALONSO DE. *Quatri Partitu en Cosmographia pratica, i por otro nombre llamado Espejo de Navegantes: Obra muy utilissima i copendiosa en toda la arte de Marear i mui neccesaria i de gran provecho en todo el curso de la navegació, principalmente de España. Agora nuevamente ordenada y compuesta por Alonso de Chaves cosmographo de la Magestad Cesarea del Emperador i Rei de las espanas Carlos quinto Semper Augusto* [*ca*. 1528], ed. de Paulino Castañeda Delgado, Mariano Cuesta Domingo y Pilar Hernández Aparicio, Madrid, Instituto de Historia y Cultura Naval, 1983.

CORTÉS DE ALBACAR, MARTÍN. *Breve compendio de la sphera y de la arte de navegar*, Sevilla, Imprenta de Antonio Álvarez, 1551. Reproducido en: GONZÁLEZ-ALLER HIERRO, JOSÉ IGNACIO. *Obras clásicas de náutica y navegación*, Madrid,

Fundación Histórica Tavera, 1998. Edición facsímil: Valladolid, Maxtor, 2003.

ESCALANTE DE MENDOZA, JUAN DE. *Itinerario de navegación de los mares y tierras occidentales* [1575], estudio y comentarios de Roberto Barreiro-Meiro, transcr. según la copia manuscrita de Martín Fernández Navarrete, Madrid, Museo Naval de Madrid, 1985.

FERNÁNDEZ DE NAVARRETE, MARTÍN. *Biblioteca marítima española*, Madrid, Imprenta de la Viuda de Calero, 1851.

FERNÁNDEZ DE NAVARRETE, MARTÍN. *Disertación sobre la historia de la náutica*, Madrid, Real Academia de la Historia, 1846.

FERNÁNDEZ DE NAVARRETE, MARTÍN. "Real Cédula de 6 de agosto de 1508", en *Colección de los viajes y descubrimientos que hicieron por mar los españoles desde fines del siglo xv con varios documentos inéditos concernientes á la historia de la marina castellana y de los establecimientos españoles en Indias, vol. 3: Viages menores y los de Vespucio, poblaciones en la Darien* (suplemento al t. II), doc. IX, Sección Segunda, Madrid, Imprenta Nacional, 1829, pp. 299-301.

FERNÁNDEZ DE OVIEDO Y VALDÉS, GONZALO. *Historia general y natural de las Indias, islas y tierra firme del mar océano*, ed. de José Amador de los Ríos, Madrid, Imprenta de la Real Academia de la Historia, 1851-1855.

GARCÍA DE CÉSPEDES, ANDRÉS. *Regimiento de navegación*, Madrid, 1606. Reproducido en: GONZÁLEZ-ALLER HIERRO, JOSÉ IGNACIO. *Obras clásicas de náutica y navegación*, Madrid, Fundación Histórica Tavera, 1998.

GONZÁLEZ-ALLER HIERRO, JOSÉ IGNACIO. *Obras clásicas de náutica y navegación*, Madrid, Fundación Histórica Tavera, col. "Clásicos Tavera" (serie II, 17), 1998, edición en disco CD-ROM.

HAKLUYT, RICHARD. *Divers Voyages Touching the Discoverie of America and the Islands Adjacent unto the Same, Made*

First of All by Our Englishmen and Afterwards by the Frenchmen and Britons: With Two Mappes Annexed Hereunto [1582], ed., intro. y notas de John Winter Jones, Londres, The Hakluyt Society, 1850.

AL-ḤIMYARĪ. *Kitāb al-rawḍ al-mi'ṭār fī ḫabar al-aqṭār*, edición de Iḥsān 'Abbās, Beirut, Librairie du Liban, 1975.

IBN ABĪ ZAR'. *Rawḍ al-qirṭās*, trad. de Ambrosio Huici Miranda, Valencia, Anubar Ediciones, 1964.

IBN MĀĞID, AḤMAD. *Arab Navigation in the Indian Ocean before the coming of the Portuguese. Being a Translation of Kitāb al-fawā'id fī uṣūl al-baḥr wa l-qawā'id of Aḥmad b. Mājid al-Najdī together with an Introduction on the History of Arab Navigation, Notes on the Navigational Techniques and on the Topography of the Indian Ocean, and a Glossary of Navigational Terms*, ed. de Gerald R. Tibbetts, Londres, The Royal Asiatic Society of Great Britain and Ireland-Luzac, 1971.

IBN MĀĞID, AḤMAD. *Instructions nautiques et routiers arabes et portugais des XVe et XVIe siècles. Reproduits, traduits et annotés por Gabriel Ferrand, París, Librairie orientaliste Paul Geuthner, 1921-1928* [Reimpresión: Fuat Sezgin, Frankfurt am Main, Johann Wolfgang Goethe Universität-Institüt für Geschichte der arabisch-islamischen Wissenschaften, 1986].

AL-IDRĪSĪ. *Dikr al-Andalus. Tā'līf Šarīf al-Idrīsī. Descripción de España de Xerif Aledris conocido por el Nubiense*, con traducción y notas de Don Josef Antonio Conde de la Real Biblioteca, Madrid, Imprenta Real, 1799.

MEDINA, PEDRO DE. *Arte de navegar en que se contienen todas las reglas, declaraciones, secretos y auisos a que la buena navegación son necessarios, y se deuen saber hecha por el maestro Pedro de Medina,* Valladolid, en casa de Francisco Fernández de Córdoba, 1545.

VELHO, ÁLVARO. *Roteiro da Primeira Viagem de Vasco de Gama à Índia*, ed. de José Marques, Porto, Facultad de Letras de la Universidade de Oporto, 1999.

FUENTES SECUNDARIAS

ACEVEDO, JUAN, BÉNARD, INÊS y MÜLLER, JULIANE. *Indian Ocean Arab Navigation Studies Towards a Global Perspective: Annotated Bibliography and Research Roadmap, RUTTER Technical Notes 2 version 5*, Lisboa, ERC RUTTER Project, University of Lisbon, 2023. DOI: 10.5281/zenodo.8315319.

ACKERMANN, SILKE. "The path of the moon engraved. Lunar mansions on European and Islamic scientific instruments", en *Micrologus. Nature, Sciences and Medieval Societies. Rivista della Società Internazionale per lo Studio del Medioevo Latino. Il sole e la luna / The Sun and the Moon*, nº 12, 2004, pp. 135-164.

AGIUS, DIONISIUS A. *Seafaring in the Arabian Gulf and Oman*, Nueva York y Londres, Routledge, 2005.

AGIUS, DIONISIUS A., COOPER, JOHN P. y ZAZZARO, CHIARA. "The maritime heritage of Yemen: a focus on traditional wooden 'dhows'", en AGIUS, DIONISIUS A., GAMBIN, TIMMY y TRAKADAS, ATHENA (eds.) con la asistencia de NASH, HARRIET. *Ships, Saints, and Sealore: Cultural Heritage and Ethnography of the Mediterranean and the Red Sea*, Oxford, Archaeopress Archaeology, 2014, pp. 143-157.

AGUIAR AGUILAR, MARAVILLAS. "A Contribution on the Textual History of Islamic astronomical instruments. The production of Arabic Texts on the Sine Quadrant devoted to teaching from the thirteenth to sixteenth Centuries", en *Sources and Approaches across Near Eastern Disciplines. Proceedings of the 24th Congress of L'Union Européenne des Arabisants et Islamisants*, Lovaina, Peeters, 2013, pp. 453-462.

AGUIAR AGUILAR, MARAVILLAS. "El mito del diluvio en contexto islámico", en *Notandum*, nº 27, 2024. DOI: http://dx.doi.org/10.4025/notandum.vi62.71864.

AGUIAR AGUILAR, MARAVILLAS. "La navegación en el Atlántico sur en la Baja Edad Media: a propósito de Canarias y la entrada *Uqiyānus* del *Kitāb al-rawḍ al-mi'ṭār fī ḫabar al-aqṭār* de Ibn 'Abd al-Mun'im al-Ḥimyarī (m. 900/1494)", en MEOUAK, MOHAMED y PUENTE, CRISTINA DE LA (eds.). *Vivir de tal suerte. Homenaje a Juan Antonio Souto Lasala*, Córdoba y Madrid, Cordoba Near Eastern Research Unit-CSIC-Oriens Academic, 2014, pp. 31-46.

AGUIAR AGUILAR, MARAVILLAS. "Las aplicaciones del cuadrante de senos en agrimensura a través de un tratado árabe oriental del siglo XIV", en ÁLVAREZ DE MORALES, CAMILO (ed.). *Ciencias de la Naturaleza en al-Andalus*, Granada, Escuela de Estudios Árabes (CSIC), vol. 4, 1996, pp. 93-113.

AGUIAR AGUILAR, MARAVILLAS. "Los primeros instrumentos de navegación que viajaron a América. Un estudio del *Quatri partitu* o *Espejo de navegantes* (*ca*. 1528) de Alonso de Chaves", en *Mélanges de la Casa de Velázquez. Nouvelle série*, vol. 49, nº 1, 2019, pp. 223-244.

AGUIAR AGUILAR, MARAVILLAS. "Manuscritos árabes de los siglos XIV y XV para la enseñanza de la trigonometría conservados en la Biblioteca del Real Monasterio de El Escorial", en *Actas del congreso internacional Manuscritos Andalusíes* (Casablanca, marzo 2009), Casablanca, 2010, pp. 97-109.

AGUIAR AGUILAR, MARAVILLAS. "Notas sobre la difusión del cuadrante de senos: el 'cuadrante grosero' de Alí Bey (siglo XIX)", en *Revista de Filología de la Universidad de La Laguna*, nº 17, 1999, pp. 41-45.

AGUIAR AGUILAR, MARAVILLAS. "*Quatri partitu en cosmographia pratica i por otro nombre llamado Espejo de navegantes* by Alonso de Chaves: a navigation manual for the instruction of Spanish pilots in the sixteenth century", en AGIUS, DIONISIUS A. *et al.* (eds.). *Ships, Saints and Sealore: Cultural Heritage and Ethnography of the Mediterranean and the Red Sea*, Oxford, Archaeopress, 2014, pp. 41-59.

AGUIAR AGUILAR, MARAVILLAS. "The Arabic Treatises on the Sine Quadrant during the Mamluk Period", en *Orientalia Lovaniensia Analecta. "Egypt and Syria in the Fatimid, Ayyubid and Mamluk Eras-III"*, Lovaina, Peeters, 2001, pp. 163-171.

AGUIAR AGUILAR, MARAVILLAS y GONZÁLEZ MARRERO, JOSÉ ANTONIO. "El tratado astronómico del Sexagenarium: una aportación mudéjar valenciana a la historia de la ciencia", en *Sharq al-Andalus*, nº 13, 1996, pp. 183-202.

AGUIAR AGUILAR, MARAVILLAS y GONZÁLEZ MARRERO, JOSÉ ANTONIO. *Un texto valenciano del siglo XV: el tratado astronómico del Sexagenarium*, Onda (Castellón), Ajuntament d'Onda, 2003.

AGUIAR AGUILAR, MARAVILLAS y GONZÁLEZ MARRERO, JOSÉ ANTONIO. "Un tratado latino sobre los usos del cuadrante de senos: edición de los cánones del tratado de Christianus de Prolianus conservados en el ms. lat. nº 10263 de la Biblioteca Nacional de Francia", en *Faventia*, vol. 27, nº1, 2005, pp. 113-123.

ALBUQUERQUE, LUÍS DE. "Astronomical Navigation", en CORTESÃO, ARMANDO. *History of Portuguese Cartography*, 2 vols., Coimbra, Junta de Investigações do Ultramar-Lisboa, 1969 (vol. I) y 1971 (vol. II), vol. II, pp. 221-357.

ALBUQUERQUE, LUÍS DE. "Instruments for Measuring Altitude and the Art of Navigation", en CORTESÃO, ARMANDO. *History of Portuguese Cartography*, 2 vols., Coimbra, Junta de Investigações do Ultramar-Lisboa, 1969 (vol. I) y 1971 (vol. II), vol. II, pp. 359-442.

ALBUQUERQUE, LUÍS DE. *Historia de la navegación portuguesa*, Madrid, Mapfre, 1992.

ALEGRIA, MARIA FERNANDA, DAVEAU, SUZANNE, GARCIA, JOÃO CARLOS y RELAÑO, FRANCESC. "Portuguese Cartography in the Renaissance", en WOODWARD, DAVID (ed.). *The History of Cartography: Cartography in the European Renaissance*, Chicago, The University of Chicago Press, vol. 3, 2007, pp. 975-1068.

ALEGRIA, MARIA FERNANDA, DAVEAU, SUZANNE, GARCIA, JOÃO CARLOS y RELAÑO, FRANCESC. *História da Cartografia Portuguesa. Séculos XV a XVII*, Porto, Fio da Palavra, 2012.

ALVES GASPAR, JOAQUIM. "The Origin of Nautical Cartography: Certitudes, Doubts, and Perplexities", en *International Journal of Cartography*, 2023, publicación en línea: DOI: 10.1080/23729333.2023.2240902.

ALVES GASPAR, JOAQUIM Y LEITÃO, HENRIQUE. "What is a nautical chart, really? Uncovering the geometry of early modern nautical charts", en *Journal of Cultural Heritage*, nº 29, 2018, pp. 130-136.

ARIZAGA BOLUMBURU, BEATRIZ y BOCHACA, MICHEL. "Savoir nautique et navigation dans le golfe de Gascogne à la fin du Moyen Âge d'après *Le grant routtier et pyllotage et encrage de la mer de Pierre Garcie dit Ferrande*", en *Cuadernos del Cemyr*, nº 15, 2007, pp. 91-108.

AZNAR, EDUARDO y CORBELLA, DOLORES. *África y sus islas en el Manuscrito de Valentim Fernandes*, Madrid, Dykinson, 2021.

BECKER, C. H. y BECKINGHAM, C. F. "Baḥr al-qulzum", en ROSSKEEN GIBB, HAMILTON ALEXANDER *et al*. *The Encyclopaedia of Islam. New Edition*, Leiden, Brill, vol. I, 1986, pp. 931-933.

BECKER, C. H. y DUNLOP, D. M. "Baḥr al-zanğ", en ROSSKEEN GIBB, HAMILTON ALEXANDER *et al*. *The Encyclopaedia of Islam. New Edition*, Leiden, Brill, 1986, vol. I, pp. 937-938.

BITTNER, MAXIMILIAN, y TOMASCHEK, WILHELM. "Die topographischen Capitel des indischen Seespiegels Mohīt. Festschrift zur Erinnerung an die Eröffnung des Seeweges nach Ostindien durch Vasco da Gama 1497", en *Mitteilungen der Kaiserlich-Königlichen Geographischen Gesellschaft in Wien*, nº 40, 1897, pp. 331-419.

BURGER, KONRAD. *Ludwig Hain's Repertorium Bibliographicum. Register. Die Drucker des XV. Jahrhunderts mit chronologischer Aufführung ihrer Werke*, Leipzig, Otto Harrassowitz, 1891.

BUSTAMANTE COSA, JOAQUÍN. "Al-Idrīsī", en REAL ACADEMIA DE LA HISTORIA. *Diccionario Biográfico electrónico* (en red, https: //dbe.rah.es/biografias/ 8899/al-idrisi).

CAIAZZO, IRENE y BURNETT, CHARLES. "New Manuscripts of 'On the astrolabe' by Raymond of Marseilles", en *Scriptorium*, vol. 65, nº 2, 2011, pp. 338-349.

CAMPBELL, TONY. "Portolan Charts from the Late Thirteenth Century to 1500", en HARLEY, J. B. y WOODWARD, DAVID (eds.). *The History of Cartography. Volume I: Cartography in Prehistoric, Ancient, and Medieval Europe and the Mediterranean*, Chicago-Londres, The University of Chicago Press, 1987, pp. 371-463.

CARPI, ELENA. *El léxico del Cuatripartitu en cosmographía práctica de Alonso de Chaves,* Madrid, UNED, 2001.

CASTAÑEDA DELGADO, PAULINO, CUESTA DOMINGO, MARIANO y HERNÁNDEZ APARICIO, PILAR. *Alonso de Chaves y el libro IV de su Espejo de Navegantes*, Industrias gráficas España, Madrid, 1977.

CASTAÑEDA DELGADO, PAULINO, CUESTA DOMINGO, MARIANO y HERNÁNDEZ APARICIO, PILAR. *Alonso de Chaves. Quatri Partitu en Cosmographia pratica [ca. 1528]*, Madrid, Instituto de Historia y Cultura Naval, 1983.

CASTRO, FILIPE, BUDSBERG, NICHOLAS, JOBLING, JAMES y PASSEN, AMBER. "The Astrolabe Project", en *Journal of Maritime Archaeology*, nº 10, 2015, pp. 205-234.

CEREZO MARTÍNEZ, RICARDO. *La cartografía náutica española en los siglos XIV, XV y XVI*, Madrid, CSIC, 1994.

CEREZO MARTÍNEZ, RICARDO. "Los padrones reales del primer cuarto de siglo XVI", en ACOSTA RODRÍGUEZ, ANTONIO, GONZÁLEZ RODRÍGUEZ, ADOLFO y VILA VILAR, ENRIQUETA (coords.). *La casa de la Contratación y la Navegación entre España y Las Indias*, Sevilla, Universidad de Sevilla-CSIC-Fundación El Monte, 2004, pp. 605-637.

CHARETTE, FRANÇOIS. *Mathematical instrumentation in fourteenth-century Egypt and Syria. The Illustrated Treatise of Najm al-Dīn al-Mīṣrī*, Leiden-Boston, Brill, 2003.

CHARETTE, FRANÇOIS y SCHMIDL, PETRA. "al-Khwārizmī and Practical Astronomy in Ninth-Century Baghdad. The Earliest Extant Corpus of Texts in Arabic on the Astrolabe and Other Portable Instruments", en *Sciamvs*, nº 5, 2004, pp. 101-198.

CHRISTIDES, VASSILIOS. "Milāḥa (1. In the pre-Islamic and early mediaeval periods)", en BOSWORTH, C. E., *et al.* (eds.). *The Encyclopaedia of Islam. New Edition*, Leiden, Brill, vol. VII, 1993, pp. 40-46.

CORTESÃO, ARMANDO. *History of Portuguese Cartography*, 2 vols., Coimbra, Junta de Investigações do Ultramar, vol. I, 1969 y vol. II, 1971.

CORTESÃO, ARMANDO y TEIXEIRA DA MOTA, AVELINO. *Portugaliae Monumenta Cartographica*, 6 vols., Lisboa, Imprensa Nacional Casa da Moeda, 1960.

CUESTA DOMINGO, MARIANO. *La cuestión de las Islas Molucas: geografía, descubrimiento y negociaciones castellano-portuguesas*. Tesis doctoral, Universidad Complutense de Madrid, 1973.

CUESTA DOMINGO, MARIANO. "Alonso de Chaves", en REAL ACADEMIA DE LA HISTORIA. *Diccionario Biográfico electrónico* (https://dbe.rah.es/biografias/19 188/Alonso-de-chaves).

D'ALVERNY, MARIE-THÉRÈSE, BURNETT, CHARLES y POULLE, EMMANUEL. *Raymond de Marseille: Opera omnia. Vol. I, Traité de l'astrolabe, Liber cursuum planetarum* [edición crítica y traducción de la obra de Raymond de Marseille], París, CNRS éditions, 2009.

DAVIDSON, ISRAEL. "Levi ben Abraham ben Hayim, A Mathematician of the XIIIth century", en *Scripta Mathematica*, nº 6, 1936, pp. 57-65.

DAVIES, SUREKHA. "The Navigational Iconography of Diogo Ribeiro's 1529 Vatican Planisphere", en *Imago Mundi*, nº 55, 2003, pp. 103-112.

DUNLOP, DOUGLAS MORTON. "al-baḥr al-muḥīṭ", en ROSSKEEN GIBB, HAMILTON ALEXANDER *et al*. *The Encyclopaedia of Islam. New Edition*, Leiden, Brill, vol. I, 1986, p. 934.

ELLIOT, JOHN. "En búsqueda de la Historia Atlántica", en *Felipe V y el Atlántico. III centenario del advenimiento de los Borbones: XIV Coloquio de Historia Canario-Americana*, Las Palmas de Gran Canaria, Cabildo Insular de Gran Canaria, 2002, pp. 20-36.

FACEY, WILLIAM. *Oman, a Seafaring Nation*, Mascate, Sultanate of Oman, Ministry of National Heritage and Culture, 1979.

FACEY, WILLIAM. "Sailing the Red Sea", en CONSTABLE, ANTHONY R. y FACEY, WILLIAM (eds.). *The Principles of Arab Navigation*, Londres, Arabian Publishing, 2012, pp. 97-114.

FERNÁNDEZ DURO, CESÁREO. "De algunas obras desconocidas de cosmografía y navegación y singularmente de la que escribió Alfonso [sic] de Chaves a principios del siglo XVI", en *Revista de navegación y comercio*, nº 144, 1894-1895, pp. 473-478; nº 145, pp. 473-476; nº 146, pp. 511-514; nº 147, pp. 529-532; nº 148, pp. 547-550; nº 149, pp. 2-6; nº 150, pp. 45-52; nº 151, pp. 93-102; y nº 152, pp. 137-149. Disponible online en: http://bdh-rd.bne.es/viewer.vm?id=0000125611&page=1.

FERNÁNDEZ DURO, CESÁREO. "Instrumentos náuticos que se guardan en el Museo Naval. Breves noticias de su objeto y construcción y de algunos instrumentarios españoles", en *Museo Español de Antigüedades (Madrid)*, vol. IX, 1878, pp. 541-559.

FERRAND, GABRIEL. "Les *Mu'allim* Ibn Mājid et Sulaymān al-Mahrī", en FERRAND, GABRIEL (ed.). *Introduction à l'astro-nomie nautique árabe*, París, Librairie Orientaliste Paul Geuthner, 1928, pp. 177-255.

GARCÍA MACHO, MARÍA LOURDES. "El vocabulario marítimo y las expresiones relacionadas con el mar en algunos textos del XV al XVI", en *Cuadernos del Cemyr*, nº 15, 2007, pp. 109-128.

GASPAR, JOAQUIM ALVES. "The Origin of Nautical Cartography: Certitudes, Doubts, and Perplexities", en *International Journal of Cartography*, 2023, publicación en línea: DOI: 10.1080/ 23729333.2023.2240902.

GIURGEVICH, LUANA. *Roteiros portugueses dos séculos XV e XVI* (Manuscritos), serie *RUTTER Technical Notes Series*, nº 7, Lisboa, 2021.

GOLDSTEIN, BERNARD R. *The Astronomy of Levi ben Gerson, (1288-1344): A Critical Edition of Chapters 1-20 with Translation and Commentary,* Nueva York, Springer-Verlag, 1985.

GONÇALVES, JÚLIO, BITTNER Y MAXIMILIANY PEQUITO, ALFREDO. "O Bahr-I-Mohit ou 'Espelho dos mares' de Sidi-Ali ben Hussein: Roteiro do mar das Índias", en *Boletim da Sociedade de Geografia de Lisboa*, nº 76, 1958, pp. 3-55.

GONZÁLEZ-ALLER HIERRO, JOSÉ IGNACIO. "Instrumentos científicos del Museo Naval de Madrid", en *Arbor. Ciencia, pensamiento y cultura*, vol. 164, nº 647-648 (1999), pp. 365-384.

GONZÁLEZ GONZÁLEZ, FRANCISCO JOSÉ. *Astronomía y navegación en España. Siglos XVI-XVII*, Madrid, Mapfre, 1992.

GONZÁLEZ GONZÁLEZ, FRANCISCO JOSÉ. "Del 'arte de marear' a la navegación astronómica: los navegantes españoles y sus instrumentos en la Edad Moderna", en *Armar y marear en los siglos modernos (XV-XVIII)*, Madrid, Servicio de Publicaciones de la Universidad Complutense de Madrid, 2006, pp. 135-166.

GONZÁLEZ MARRERO, JOSÉ ANTONIO y MEDINA HERNÁNDEZ, CARLOS. "Técnicas astronómicas de orientación e instrumentos náuticos en la navegación medieval", en *Fortunatae: Revista canaria de filología, cultura y humanidades clásicas*, nº 20, 2009, pp. 17-30.

HAMDANI, ABBAS. "An Islamic background to the voyages of discovery", en KHADRA JAYYUSI, SALMA (ed.). *The Legacy of Muslim Spain*, Leiden, Brill, 1992, pp. 273-304.

HAMMER, JOSEPH VON. "Extracts from the Mohi't, that is the Ocean, a Turkish work on Navigation in the Indian Seas", en *Journal of the Asiatic Society of Bengal*, nº 3, 1834, pp. 545-553; nº 5, 1836, pp. 441-468; nº 6, 1837, pp. 505-512; nº 7, 1838, pp. 767-780; nº 8, 1839, pp. 823-830.

HARTNER, WILLY. "Asṭurlāb", en *The Encyclopaedia of Islam. New Edition*, Leiden, Brill, 1986, vol. I, pp. 722-728.

HERNÁNDEZ PÉREZ, AZUCENA. "Astrónomo", en *Base de datos digital de Iconografía Medieval*, Universidad Complutense de Madrid, 2017. En línea: https://www.ucm.es/bdiconografiamedieval/astronomo

HOURANI, GEORGE F. *Arab Seafaring in the Indian Ocean in Ancient and Early Medieval Times*, Princeton, Princeton University Press, 1951. Edición revisada y aumentada a cargo de John Carswell, Princeton, Princeton University Press, 1995.

IHSANOGLU, EKMELEDDIN. *Osmanli coğrafya literatürü tarihi* (Historia de la literatura geográfica del periodo otomano), Estambul, Islam Tarih, Sanat ve Kültür Araştırma Merkezi (IRCICA), 2000.

JUCHNIEWICZ, KAROL. "Aynuna: A Case Study of the Changing Functions of a Hijazi Coastal Settlement from the Nabatean to the Early Islamic Period", en *Études et Travaux*, nº 35, 2022, pp. 39-57.

KAHLAOUI, TAREK. "The Maghrib's Medieval Mariners and Sea Maps: The Muqaddimah as a Primary Source", en *Journal of History of Sociology*, nº 30, 2017, pp. 43-56.

KHOURY, IBRAHIM. *Aḥmad ibn Māğid, ḥayātuh, mu'alafātuh, istiḥāla liqā'ihī bi-Fāskū dī Ghāmā (Aḥmad ibn Mājid, su vida, sus obras y la imposibilidad de su encuentro con Vasco da Gama)*, Ra's al-Ḫayma, Markaz al-dirāsa wa-l-waṯā'iq, 2001.

KING, DAVID A. "Astronomical Timekeeping (*'ilm al-mīqāt*) in Medieval Islam", en BERGMAN, JAN (ed.). *Actes du XXIXe Congrès international des Orientalistes (Paris, 1973)*, París, Asiathèque, vol. II, 1975, pp. 86-90.

KING, DAVID A. "Ṭāsa", en *The Encyclopaedia of Islam. New Edition*, Leiden, Brill, vol. X, 2000, pp. 312-313.

LADERO QUESADA, MIGUEL ÁNGEL. "L'Espagne et l'océan à la fin du Moyen Âge", en *Actes des congrès de la Société des historiens médiévistes de l'enseignement supérieur public, 17 e congrès, Nantes, 1986. L'Europe et l'Océan au Moyen Âge. Contribution à l'Histoire de la Navigation*, Nantes, CID éditions, 1988, pp. 115-130.

LADERO QUESADA, MIGUEL ÁNGEL. *El primer oro de América: los comienzos de la Casa de la Contratación de las Yndias (1503-1511)*, Madrid, Real Academia de la Historia, 2002.

LAMB, URSULA. "The *Quarti* [sic] *Partitu en Cosmographia* by Alonso de Chaves: an interpretation", en *Revista da Universidade de Coimbra*, nº 24, 1969, pp. 1-9 [separata].

LAMB, URSULA. "Juan de Escalante de Mendoza", en LÓPEZ PIÑERO, JOSÉ MARÍA, GLICK, THOMAS F., NAVARRO BROTÓNS, VÍCTOR y PORTELA MARCO, EUGENIO. *Diccionario histórico de la ciencia moderna en España*, Barcelona, Ediciones Península, t. I, 1983, pp. 301-302.

LAMB, URSULA. *Cosmographers and Pilots of the Spanish Maritime Empire*, Aldershot, Variorum, 1995.

LIDDELL, HENRY GEORGE y SCOTT, ROBERT. *A Greek-English Lexicon. Revised and augmented throughout by Sir Henry Stuart Jones. With the assistance of Roderick McKenzie*, Oxford, Clarendon Press, 1940.

LÓPEZ PIÑERO, JOSÉ MARÍA. *Ciencia y técnica en la sociedad española de los siglos XVI y XVII*, Barcelona, Labor, 1979.

LÓPEZ PIÑERO, JOSÉ MARÍA. *El arte de navegar en la España del Renacimiento*, Barcelona, Labor, 1979 (2ª ed. 1986).

MAQBUL AHMAD, SAYYID. "Ibn Mādjid", en LEWIS, B. *et al.* (eds.). *The Encyclopaedia of Islam. New Edition*, Leiden, Brill, vol. III, 1979, pp. 856-859.

MARTÍN DE LA HOZ, JOSÉ CARLOS. "Paulino Castañeda Delgado (1927-2007) in memoriam", en *Anuario de Historia de la Iglesia*, nº 17, 2008, pp. 435-437.

MARTÍNEZ-HIDALGO Y TERÁN, JOSÉ MARÍA. *Historia y leyenda de la aguja magnética. Contribución de los españoles al progreso de la náutica*, Barcelona, Gustavo Gili, 1946.

MEARNS, DAVID L., WARNETT, JASON M. y WILLIAMS, MARK A. "An Early Portuguese Mariner's Astrolabe from the Sodré Wreck-site, Al Hallaniyah, Oman", en *International Journal of Nautical Archaeology*, vol. 48, nº 2, 2019, pp. 495-506, DOI: 10.1111/1095-9270.12353.

MICHEL, HENRI. *Traité de l'Astrolabe*, París, Gauthier-Villars, 1947.

NAVARRO BROTONS, VÍCTOR. "Astronomía y cosmología en la España del siglo XVI", en MONTESINOS, JOSÉ LUIS y TOLEDO PRATS, SERGIO (eds.). *Los orígenes de la ciencia moderna. Actas año XI y XII*, Canarias, Dirección General de Ordenación e Innovación Educativa, 2002, pp. 187-213. Reedición en CD: 2004.

NIETO OLARTE, MAURICIO. *Las máquinas del imperio y el reino de Dios. Reflexiones sobre ciencia, tecnología y religión en el mundo atlántico del siglo XVI*, Bogotá, Universidad de los Andes, Facultad de Ciencias Sociales, Ediciones Uniandes, 2013.

PAZ, MANUEL DE. "Canarias y América. Aspectos de una vinculación histórica", en *Anuario americanista europeo*, nº 4-5, 2006-2007, pp. 197-211.

PEDERSEN, FRITZ SAABY. *The Toledan tables, a review of the manuscripts and the textual versions with an edition,* Copenhagen, Det Kongelige Danske Videnskabemes Selska, 2002.

PICATOSTE Y RODRÍGUEZ, FELIPE. *Apuntes para una biblioteca científica española del siglo XVI. Estudios biográficos y bibliográficos de ciencias exactas físicas y naturales y sus inmediatas aplicaciones en dicho siglo*, Madrid, Imprenta y Fundición de Manuel Tello, 1891.

POULLE, EMMANUEL. "L'astrolabe médiéval d'après les manuscrits de la Bibliothèque nationale", en *Bibliothèque de l'École des Chartes*, nº 112, 1954, pp. 81-103.

POULLE, EMMANUEL. "Le traité d'astrolabe de Raymond de Marseille", en *Studi medievali*, nº 5, 1964, pp. 866-900.

PUIG, ROSER. "Un mar de arena, un mar de estrellas y un mar para navegar: árabes y Navegación", en *Cuadernos del CEMYR*, nº 15, 2007, pp. 77-90.

PULIDO RUBIO, JOSÉ. *El Piloto Mayor. Pilotos Mayores, Catedráticos de Cosmografía y Cosmógrafos de la Casa de Contratación de Sevilla*, Sevilla, Escuela de Estudios Hispano-Americanos, 1950.

QUARTAPELLE, ALBERTO. "El redescubrimiento de las islas Canarias en el *anno Domini* 1339", en *Revista de Historia Canaria*, nº 199, 2017, pp. 11-37.

RAYNAUD, DOMINIQUE, GESSNER, SAMUEL y MOTA, BERNARDO. "Andalò di Negro's *De compositione astrolabii*: a critical edition with English translation and notes", en *Archive for History of Exact Sciences*, nº 73, 2019, pp. 551-617.

RODRÍGUEZ VILLA, ANTONIO. *Catálogo general de manuscritos de la Real Academia de la Historia (1910-1912)*, ed. de Juan Manuel Abascal, 2005. Disponible en línea.

RUMEU DE ARMAS, ANTONIO. "La exploración del Atlántico por mallorquines y catalanes en el siglo XIV", en *Anuario de Estudios Atlánticos*, nº 10, 1964, pp. 163-178.

RUMEU DE ARMAS, ANTONIO. "La expedición militar mallorquina de 1366 a las islas Canarias", en *Anuario de Estudios Atlánticos*, nº 27, 1981, pp. 15-26. El mismo texto se publicó en *En la España medieval. Estudios en memoria del Profesor D. Salvador de Moxó*, vol. 2, nº 3, 1982, pp. 497-504.

RUMEU DE ARMAS, ANTONIO. *El obispado de Telde: misioneros mallorquines y catalanes por el Atlántico*, Telde, Ayuntamiento de Telde, 2001.

SÁNCHEZ MARTÍNEZ, ANTONIO. "Los artífices del Plus Ultra: Pilotos, cartógrafos y cosmógrafos en la Casa de la Contratación de Sevilla durante el siglo XVI", en *Hispania. Revista Española de Historia*, vol. 70, nº 236, 2010, pp. 607-632.

SÁNCHEZ MARTÍNEZ, ANTONIO. *La espada, la cruz y el Padrón: Soberanía, fe y representación cartográfica en el mundo ibérico bajo la Monarquía Hispánica, 1503-1598*, Madrid, CSIC, 2013.

SÁNCHEZ MARTÍNEZ, ANTONIO. "Artesanos, cartografía e imperio. La producción social de un instrumento náutico en el mundo ibérico, 1500-1650", en *Historia Crítica*, nº 73, 2019, pp. 21-41.

SÁNCHEZ MARTÍNEZ, ANTONIO. "Practical Cosmography in Early Modern Iberia: Alonso de Chaves and his *Espejo de Navegantes*", en *Journal of Early Modern Studies*, nº 12, 2023, pp. 99-128.

SANDMAN, ALISON D. "Spanish Nautical Cartography in the Renaissance", en DAVID WOODWARD (ed.). *The History of Cartography: Cartography in the European Renaissance*, Chicago, The University of Chicago Press, vol. 3, 2007, pp. 1095-1142.

SCHMIDL, PETRA. "Two early Arabic sources on the magnetic compass", en *Journal of Arabic and Islamic Studies*, nº 1, 1997-1998, pp. 81-132.

SELLÉS GARCÍA, MANUEL. *Instrumentos de navegación: del Mediterráneo al Pacífico*, Barcelona, Lunwerg, 1994.

SELLÉS GARCÍA, MANUEL. *Navegación astronómica en la España del siglo XVIII*, Madrid, UNED, 2000.

SEZGIN, FUAT. *Science et Technique en Islam, t. III: Géographie-Navigation-Horloges-Géométrie-Optique*, en colaboración con Eckhard Neubauer, trad. por Farid Benfeghoul, Frankfurt, Thala Editions, 2004.

SOUCEK, SVAT. "Sīdī 'Alī Re'īs", en *The Encyclopaedia of Islam. New Edition*, Leiden, Brill, vol. IX, 1997, pp. 535-536.

SUBRAHMANYAM, SANJAY. *The career and legend of Vasco da Gama*, Cambridge, Cambridge University Press, 1997.

STAPLES, ERIC. "Navigation in Islamic Sources", en AL-SALIMI, ABDULRAHMAN y STAPLES, ERIC (eds.). *Oman: A Maritime History*, Hildesheim, Georg Olms Verlag, 2017, pp. 223-252.

STAPLES, ERIC. "Indian Ocean navigation in Islamic sources 850-1560 CE", en *History Compass*, vol. 16, nº 9, 2018, pp. 1-11.

TEJERA GASPAR, ANTONIO. *Los cuatro viajes de Colón y las Islas Canarias (1492-1502)*, La Laguna, Francisco Lemus Editor, 2000.

TIBBETTS, GERARD R. "Arab Navigation in the Red Sea", en *The Geographical Journal*, vol. 127, nº 3, 1961, pp. 322-334.

TIBBETTS, GERARD R. "Milāḥa (3. In the Indian Ocean)", en *The Encyclopaedia of Islam. New Edition*, Leiden, Brill, vol. VII, 1993, pp. 50-53.

TODOROV, TZVETAN. *La Conquête de l'Amérique. La Question de l'autre*, París, Seuil, 1982.

VAN DUZER, CHET. *Henricus Martellus's World Map at Yale (ca. 1491). Multispectral Imaging, Sources, and Influence*, Cham, Springer, 2019.

VARISCO, DANIEL MARTÍN. "The Origin of the *anwā'* in Arab Tradition", en *Studia Islamica*, nº 74, 1991, pp. 5-28.

VIGUERA MOLINS, MARÍA JESÚS. "Eco árabe de un viaje genovés a las islas Canarias antes de 1340", en *Medievalismo*, nº 2, 1992, pp. 257-258.

VIGUERA MOLINS, MARÍA JESÚS. "Camino del Atlántico: lo advierte Ibn Jaldūn", en VIGUERA, MARÍA JESÚS (coord.). *Ibn Jaldūn. El Mediterráneo en el siglo XIV. Auge y declive de los imperios*, Sevilla, Junta de Andalucía, Fundación El Legado Andalusí, 2006, pp. 50-55.

WARD, CHERYL. "Sailing the Red Sea: ships, infrastructure, seafarers and society", en AGIUS, DIONISIUS A., GAMBIN, TIMMY y TRAKADAS, ATHENA (eds.) con la asistencia de NASH, HARRIET. *Ships, Saints, and Sealore: Cultural Heritage and Ethnography of the Mediterranean and the Red Sea*, Oxford, Archaeopress Archaeology, 2014, pp. 115-124.

WEHR, HANS. *A Dictionary of Modern Written Arabic* (ed. de J. Milton Cowan), Wiesbaden, Otto Harrassowitz, 1961.

WIEDEMANN, EILHARD. "Maghnāṭīs", en *The Encyclopaedia of Islam. New Edition*, Leiden, Brill, vol. V, 1986, pp. 1168-1169. Adenda en vol. IX, p. 16.

ANEXO: FRONTISPICIOS DE TRATADOS DE NÁUTICA DEL SIGLO XVI

Figura 33. *Suma de Geografía*
de Martín Fernández de Enciso (1519)

Autor: Martín Fernández de Enciso. Sevilla o Enciso (La Rioja), *ca*. 1469-Sevilla *ca*. 1533.

Título: *Suma de geographia que trata de todas las partidas et prouincias del mundo, en especial de las Indias, et trata largamente del arte del marear, juntamente con la espera en romance, con el regimiento del sol et del norte; nueuamente hecha*.

Lugar, editor y año de edición: Sevilla, Jacobo Cromberger, 1519.

Biografía: RAH https://dbe.rah.es/biografias/16115/martin-fernandez-de-enciso.

DICTER 2.0: https://dicter.usal.es/?obra=FernandezEnciso.

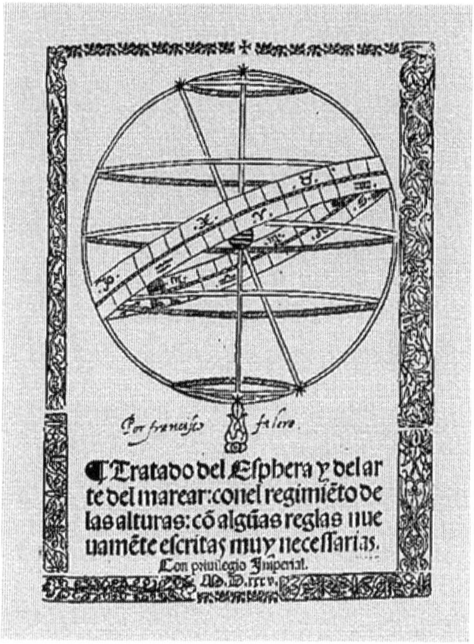
Tratado del Esphera y del arte del marear: con el regimiēto de las alturas: cō algūas reglas nuevamēte escritas muy necessarias.
Con privilegio Imperial.
M.D.xxxv.

Figura 34. *Tratado del esphera y del arte de marear* de Francisco Faleiro (1535)

Autor: Francisco Faleiro. Covilhã (Portugal), f. s. XV, Sevilla, *ca.*1574.

Título: *Tratado del esphera y del arte de marear.*

Lugar, editor y año de edición: Sevilla, Juan Cromberger, 1535.

Biografía: RAH https://dbe.rah.es/biografias/19 344/francisco-de-faleiro.

DICTER 2.0: https://dicter.usal.es/?obra=FaleroFrancisco.

Arte de nauegar

en que se contienen todas las Reglas, Declaraciones, Secretos, y Auisos, q̃ a la buena naue gaciō son necessarios, y se deuē saber, hecha por el maestro Pedro de Medina. Dirigida al serenissimo y muy esclarescido señor, don Phelipe principe de España, y de las dos Sicilias. &c.

Con preuilegio imperial.

Figura 35. *Arte de navegar*
de Pedro de Medina (1545)

Autor: Pedro de Medina. Medina-Sidonia (Cádiz), *ca*. 1493-Sevilla, 1567.

Título: *Arte de navegar en que se contienen todas las Reglas, Declaraciones, Secretos y Auisos, que a la buena naue-gacion son necessarios, y se deben saber, hecha por el maestro Pedro de Medina. Dirigida al serenissimo y muy esclarescido señor, don Phelipe principe de españa, y de las dos Sicilias.*

Lugar, editor y año de edición: Valladolid, Francisco Fernández de Córdova, 1545.

Biografía: RAH https://dbe.rah.es/biografias/12454/pedro-de-medina.

DICTER 2.0: https://dicter.usal.es/?obra=MedinaPedro.

Figura 36. Traducción al italiano del *Arte de navegar* de Pedro de Medina. Publicada en Venecia, impresor Gianbattista Pedrezano, 1554. Ejemplar a la venta en AbeBooks (12/03/2024)

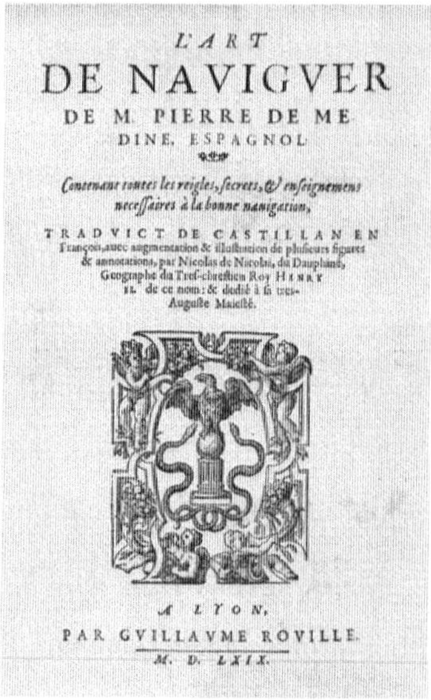

Figura 37. Traducción al francés del *Arte de navegar* de Pedro de Medina. Publicada en Lyon, impresor Guillaume Rouillé, 1569. Ejemplar a la venta en AbeBooks (12/03/2024)

Figura 38. *Breve compendio de la sphera* de Martín Cortés de Albacar (1551)

Autor: Martín Cortés de Albacar. Bujaraloz (Zaragoza), *ca*. 1510-Cádiz, 1582.

Título: *Breve compendio de la sphera y de la arte de nauegar, con nuevos instrumentos y reglas exemplificado con muy subtiles demostraciones: compuesto por Martin Cortes natural de burjalaroz en el reyno de Aragon y de presente vezino de la ciudad de Cadiz: dirigido al inuictissimo Monarcha Carlo Quinto Rey de la Españas etc. Señor Nuestro*.

Lugar, editor y año de edición: Sevilla, Antón Álvarez, 1551.

Biografía: RAH https://dbe.rah.es/biografias/5140/martin-cortes-de-albacar.

DICTER 2.0: https://dicter.usal.es/?obra=CortesAlbacar.

Figura 39. *Regimento de navegación*
de Pedro de Medina (1563)

Autor: Pedro de Medina. ¿Sevilla?, *ca.* 1493-Sevilla, 1567.

Título: *Regimento de navegación: contiene las cosas que los pilotos han de saber para bien navegar y los remedios y auisos que han de tener para los peligros que navegando les pueden suceder. Dirigido a la Real Magestad del Rey don Philipe nuestro Señor. Por el Maestro Pedro de medina vezino de Seuilla.*

Lugar, editor y año de edición: Sevilla, Simón Carpintero, 1563.

Biografía: RAH https://dbe.rah.es/biografias/12454/pedro-de-medina.

DICTER 2.0: https://historia-hispanica.rah.es/biografias/29280-pedro-de-medina.

Figura 40. *Libro de las longitudes*
de Alonso de Santa Cruz (1555)

Autor: Alonso de Santa Cruz. Sevilla, 3-15 de agosto de 1505-Madrid, 9 de noviembre de 1567.

Título: *Libro de las longitudes y manera que hasta agora se ha tenido en el arte de navegar, con sus demostraciones y ejemplos, dirigido al muy alto y muy poderoso señor Dom Philpe II* [...].

Manuscrito (1555). Madrid, Biblioteca Nacional, ms. 9941.

Biografía: RAH https://dbe.rah.es/biografias/7499/alonso-de-santa-cruz.

DICTER 2.0: https://dicter.usal.es/?obra=SantaCruzAlonso.

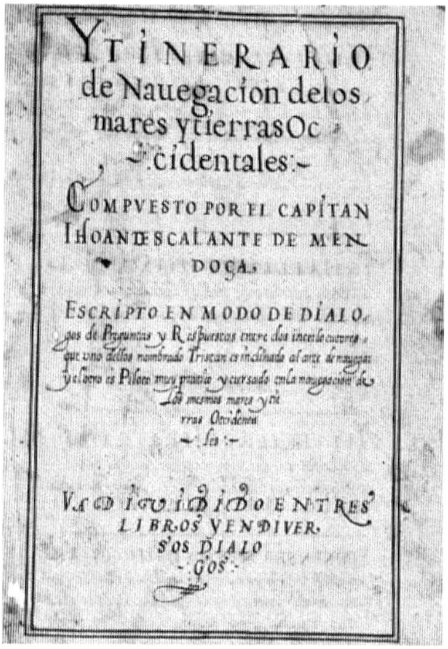
YTINERARIO
de Nauegacion delos
mares ytierras Oc
cidentales:-

COMPVESTO POR EL CAPITAN
IHOAN DE ESCALANTE DE MEN
DOÇA.

ESCRIPTO EN MODO DE DIALO

VA DIVIDIDO EN TRES
LIBROS Y EN DIVER
SOS DIALO
GOS

Figura 41. *Ytinerario de nauegación de los mares y tierras occidentales* de Juan de Escalante de Mendoza (1575)

Autor: Juan de Escalante de Mendoza. Ribadesella (Asturias), *ca.* 1545-¿?, 1596.

Título: *Ytinerario de navegación de los mares y tierras occidentales, escripto en modo de dialogos de preguntas y respuestas entre dos interlocutores, uno de ellos nombrado el Inclinado á la arte de navegar, y el otro, el Piloto muy práctico y cursado en la navegacion de los mismos mares y tierras occidentales.*

Manuscrito (1575). Biblioteca Nacional de España.

Biografía: RAH https://dbe.rah.es/biografias/16035/juan-de-escalante-de-mendoza.

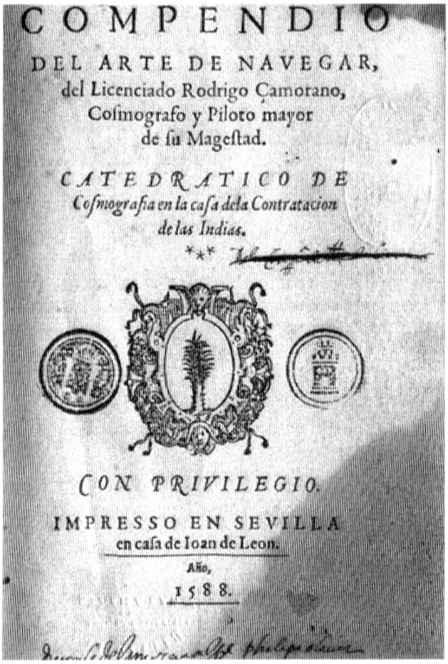

Figura 42. *Compendio de la arte de navegar* de Rodrigo Zamorano (1581)

Autor: Rodrigo Zamorano. Medina de Rioseco (Valladolid), 1542-Sevilla, 24.VI.1620.

Título: *Compendio de la arte de navegar de Rodrigo Çamorano, Astrólog y Matemático, y Cosmógrapho de la Majestad Católica de Don Felipe segundo Rey de España, Y su Catedrático de Cosmographía en la casa de la Contratación de las Indias de la Ciudad de Sevilla*.

Lugar, editor y año de edición: Sevilla, Alonso de la Barrera, 1581.

Ficha y acceso al documento en DICTER 2.0: https:// dicter.usal.es/?obra=CamoranoRodrigo.

ÍNDICES

ÍNDICE DE ILUSTRACIONES

ÍNDICE DE CONTENIDOS

La navegación atlántica y la continuidad de la ciencia árabe islámica en la España del siglo XVI